녹색에너지의 세계

대한과학진흥회 _엮음

스완미디어
SWAN MEDIA

책 머리에

오늘날 우리들은 고도로 발달된 과학 문명의 혜택 속에 살고 있습니다.

우리의 선진 조국 창조를 위해 무엇보다 중요한 것이 과학기술의 개발입니다. 특히 자원이 부족한 우리나라에서 가꾸어야 할 유일한 자원은 과학 기술로 무장한 풍부한 인력 자원입니다.

대한 과학 진흥회에서는 배우는 학생들을 위해 사물을 깊이 관찰하는 습관과 합리적이고 창의적인 과학적 사고를 심어 주기 위한 방법의 하나로 과학 문고를 엮어 내고 있습니다.

과학 문고를 펴냄에 있어서 딱딱한 과학지식을 그림을 곁들여 쉽고 재미있게 이야기로 풀어 써서 학생들이 스스로 원리를 발견하고 재미를 느끼게 함으로써 과학의 여러 분야에 대하여 흥미를 갖고 접근할 수 있도록 하였습니다.

이 책과 더불어 많은 학생들이 과학에 깊은 관심을 갖고 탐구심과 창의력을 기르며 과학을 생활화 할 줄 아는 사람이 되는데 많은 도움이 되었으면 하고 바라는 마음 간절합니다.

기획편찬 **대한과학진흥회**

차례

에너지의 세계

불과 전기

인간과 불

산불의 교훈

우리는 오늘날 아주 편리한 시대에 살고 있습니다. 스위치 하나를 누르는 것만으로 전기가 들어오고 나갑니다. 성냥불도 아주 간단하게 긋기만 하면 켜집니다. 여러분은 이러한 것을 보고 '참 편리하구나' 라는 생각을 해본 적이 있습니까?

지금은 제아무리 구석진 시골이나 외딴섬이라 할지라도 대부분 전기가 들어가 있으므로, 깜깜할 때 스위치만 누르면 전등이 환하게 불을 밝히는 시대입니다.

날이 추우면 전기난로나 가스스토브를 피우고, 배가 고프면 가스레인지에 라면을 맛있게 끓여 먹을 수 있으며, 또 냉장고 안에는 차갑게 식힌 물이 있습니다. 그야말로 우리는 아주 편리한 시대에 살고 있는 것입니다.

하지만 우리의 옛날 조상들은 오늘날 우리가 이처럼 손쉽게 사용하는 불을 얻기 위해 얼마나 많은 고생을 했는지, 여러분은 상상조차 할 수 없을 것입니다. 우리 조상들은 불을 얻기 위해, 그리고 그것을 잘 사용하기 위해 대단한 노력을 기울였답니다.

인간은 불을 사용하면서부터 다른 동물과는 매우 다른, 높은 차원의 생활을 하게 됩니다. 인류의 문명은 불을 발견하고서부터 비로소 시작된 것입니다.

그리스에는 인간이 불을 알게 되고, 그것을 사용하게 된 것에 대한 아주 재미난 전설이 있습니다.

옛날 옛적에 프로메테우스라는 신과 그 제자인 에피메테우스라는 신이 흙을 물로 반죽하여 사람을 만들었습니다. 다른

여러 동물은 하늘과 땅이 생길 때부터 있었지만, 또 다른 동물 하나가 더 필요했기 때문에 사람을 만든 것이었습니다.

두 신은 동물들에게 여러 가지 힘을 보태 주었습니다. 어떤 동물에게는 하늘을 날 수 있도록 날개를 달아주었고, 또 어떤 동물에게는 적의 공격으로부터 몸을 지킬 수 있도록 단단한 껍질을 주기도 했습니다.

그런데 그 많은 동물들에게 여러 가지 것을 다 주어 버렸기 때문에, 정작 자신들이 맨 마지막으로 만든 인간에게는 아무것도 줄 것이 없었습니다. 난처해진 두 신은 궁리 끝에 인간에게는 불을 주기로 의논했습니다.

프로메테우스는 아테네 여신의 도움으로 하늘에 올라가, 태양의 불을 횃불로 옮겨다 인간에게 주고 그 사용법도 가르쳐 주었습니다. 이것이 오늘날 우리가 불을 사용하게 된 시초라는 것입니다.

이 사실을 안 제우스 신은 노발대발했습니다. 제우스는 신들의 왕이었는데, 불은 신들만 사용하게끔 되어 있는 것을 프로메테우스가 어겼기 때문입니다.

제우스는 프로메테우스와 인간들을 벌 주기 위해, 호기심이 강한 판도라라는 여자에게 상자 하나를 주어 지상으로 내려 보냈습니다. 상자 속에는 질병, 가난, 전쟁, 질투, 원망하는 마음…… 등 세상의 온갖 나쁜 것들이 다 들어 있었습니다.

지상으로 내려온 판도라는 상자 속에 도대체 무엇이 들었는지 너무도 궁금하여 견딜 수가 없었습니다. 그래서 절대로 열어 보지 말라고 한 제우스의 명령을 어기고 그만 상자 뚜껑을 열고 말았습니다. 그 순간, 상자 속의 나쁜 것들이 튀어나왔습니다.

판도라는 당황한 나머지 재빨리 뚜껑을 닫았지만 이미 때는 늦었습니다. 상자 속에서 나온 것들은 벌써 지상의 전세계에 순식간에 퍼지고 만 뒤였습니다. 물론 호기심이 강한 판도라가 상자를 열어 볼 것이라는 제우스의 계산이 들어맞은 것입니다.

그 덕분에, 불을 얻은 인간은 음식물을 익혀 먹고 금속을 녹여 다른 도구를 만들기도 하는 등 다른 동물이 할 수 없는 일을 많이 해낼 수 있게 된 반면, 전쟁을 하고 남을 시기, 질투

하는 등 마음의 번뇌로 고민하고 질병으로 고통을 받게 되었습니다.

그런데 상자 속에는 미처 나오지 못한 한 가지가 남아 있었습니다.

판도라는 제우스에게 벌을 받게 될 것이 두려워 울고만 있었습니다. 마침 그때 닫혀진 상자 안에서 두드리는 소리가 들려왔습니다. 그것은 바로 희망이었습니다.

판도로가 상자 문을 열어 줌으로써 나오게 된 희망은 인간이 아무리 고통스럽거나 불행해도 희망을 잃지 않고 견디어 나갈 수 있게 해주었습니다.

이 전설은 불이 얼마만큼 소중한 것이가, 또 그것을 손에 넣기 위해 우리 조상들이 얼마나 많은 노력을 했는가를 말해주고 있습니다.

그렇다면, 인류가 최초로 불을 사용하게 된 것은 언제부터일까요? 지금으로부터 몇 십만 년 전이 아닐까 추측되고 있지만, 그것도 확실치는 않습니다.

맨 처음에는 산불이나 화산 폭발 때 불을 얻었을는지도 모르지요. 그리고 한번 그 불을 꺼뜨리면 다시 불을 얻기까지는 많은 고생을 하였을 것입니다.

그러던 중에 나무와 나무가 서로 부딪쳐 커다란 산불을 내는 것을 보고, 인간은 나뭇가지를 서로 마찰시켜 스스로 불을 일으킬 수 있게 되었습니다. 딱딱한 나무막대 끝을 바싹 마른 연한 나무판자에 눌러 대고서 손으로 막대를 열심히 돌리면, 그 마찰열에 의해 불이 붙기 시작합니다.

그 후 돌을 깨뜨려 석기를 만들 때 불꽃이 튀는 것을 보고, 마른 버섯 위에 불꽃을 퍼뜨려 불을 일으키기도 했습니다. 이

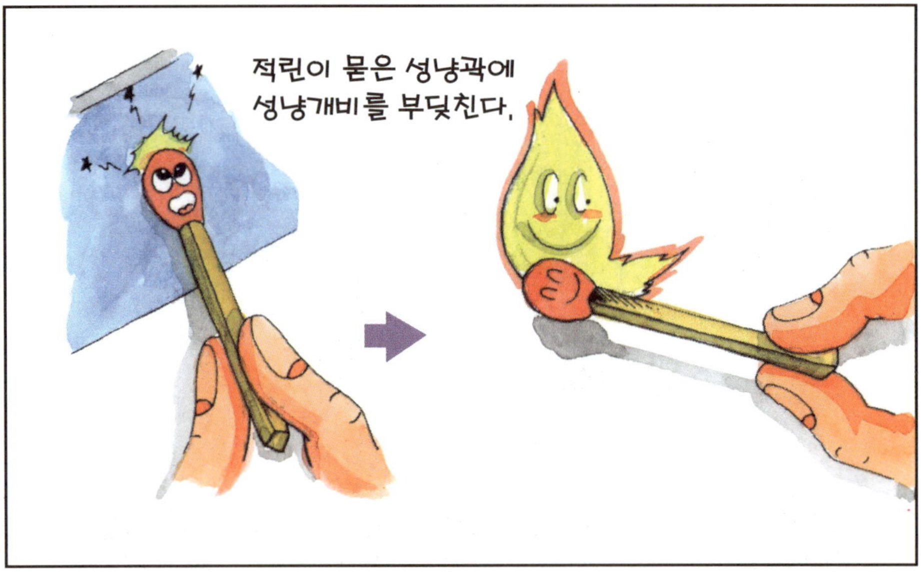

방법을 응용한 부싯돌은 성냥이 만들어질 때까지 널리 사용되고 있었습니다.

성냥은 독일의 브란트라는 사람이 1669년에 황린을 발견한 뒤에 발명하였습니다. 황린 성냥은 약간만 부딪쳐도 불이 일어나 매우 위험했으나, 1845년에 적린이 발견되어 역시 독일의 베트가라는 사람에 의해 오늘날의 안전한 성냥이 만들어진 것입니다.

황린 성냥은 황린을 성냥개비에 발라 놓은 것이고, 지금 사용되고 있는 성냥은 적린이 성냥곽 쪽에 발라져 있어서 성냥개비 머리로 문지르면 작은 불꽃이 나와 성냥개비의 머리쪽

● 소형 전자 라이터에 불이 붙는 원리

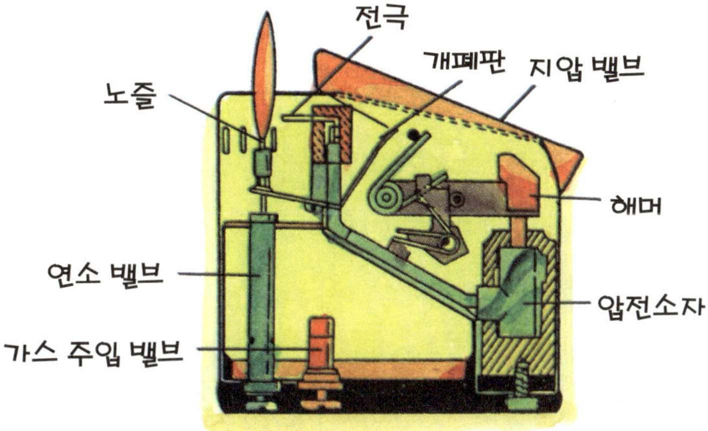

지압 밸브를 누르면 해머가 압전소자에 충격을 주어 전류가 흐르면서 전극에서 불꽃이 생기는 동시에 개폐관이 작동하고 노즐에서 가스가 나와 불이 켜진다.

화약에 옮겨 붙도록 되어 있는 것입니다. 우리나라에서 성냥을 널리 사용하게 된 것은 약 100년 전입니다.

오늘날 아버지들이 담배에 불을 붙일 때 사용하는 라이터는 오스트리아의 웰스바하라는 사람에 의해 만들어졌습니다. 이 사람은 어떤 실험 중에 쇠에 세륨을 혼합하여 약간 문지르기만 해도 불꽃이 생기는 현상을 우연히 발견하였습니다. 이렇게 해서 라이터의 발화석이 만들어진 것입니다.

라이터의 연료로는 원래 벤젠을 썼는데, 지금은 가스를 많이 사용하고 있습니다.

가스스토브 중에는 전기의 열로 불을 붙이는 것도 있습니다. 가스의 밸브를 돌리면 불이 붙는 난로에는 건전기가 들어 있는데, 밸브를 돌리면 건전지의 전기에 의해 니크롬선이 가열되고, 이것이 가스에 불을 붙이도록 되어 있습니다.

이것보다 더욱 발전할 것은 탁 하는 소리를 내면서 불이 붙는 것도 있습니다. 이것은 '압전 소자'라는 것을 사용한 것으로서, 압전 소자는 라이터 돌처럼 매우 작습니다.

이것은 문지르는 것이 아닙니다. 탁 소리를 내며 해머가 치면, 압전 소자에서 순간적으로 1만 볼트의 높은 전압이 나와 이것에 의해 불꽃이 가스에 옮겨 붙는 것입니다. 전자 라이터는 이 압전 소자를 이용한 것입니다.

음식을 익혀 먹게 된 인간

지구상에 인간이 나타난 것은 지금으로부터 약 100만 년 전입니다. 그때의 사람들은 사냥한 동물의 고기를 날것인 채로 먹고 살았습니다. 또 나무 열매나 풀씨, 나뭇잎 등도 먹었지만 그것을 익혀서 먹는 법은 전혀 몰랐습니다.

밤이 되면 강가의 언덕 위나 동굴 속 같은 데서 잠을 자고, 날이 새면 먹을 것을 찾아다니는 생활을 했습니다. 처음에는 몸에 아무것도 걸친 것이 없는 벌거숭이였습니다. 그것은 아이나 어른이나 마찬가지였지요. 그러다가 그 동안 잡은 동물의 털가죽을 벗겨 갓난아기를 싸서 보호하거나 방한용으로 어른들까지 몸에 걸치게 된 것입니다.

이렇게 원시적인 생활을 해오는 동안에 불을 얻게 된 인류는 음식을 익혀 먹을 수 있게 되었습니다.

베이징원인이라고 하는 옛 인류가 살았던 중국의 베이징 교외의 동굴에는 그들이 불을 사용했던 흔적이 역력히 남아 있습니다. 그들은 동굴을 침입하는 맹수를 막기 위해 불을 사용했을 뿐만 아니라 음식을 익혀 먹기도 했습니다. 몇 십만 년 전의 사람들이 이미 음식을 불에 익혀 먹는 방법을 알고 있었다는 사실은 정말 놀랍기만 합니다.

베이징원인이 이 지구상에 나타난 것은 구석기 시대 초기인데, 그 후 지금으로부터 약 25만 년 전이라고 생각되는 구석기 시대 중기가 되면 인간이 동굴 안에서 불을 사용한 흔적이 보다 확실히 나타납니다.

불을 사용하게 된 덕분에 인간의 생활은 훨씬 윤택해졌습니다. 우선, 이제까지 날것이어서 못 먹던 것도 불에 구워서는 먹을 수 있게 되었으므로 음식물이 풍부해졌습니다. 또한 고기 등을 불에 그을려 말려 두면 오랫동안 보관할 수 있으므로, 사냥하기가 곤란한 겨울에도 식량을 걱정할 필요가 없어졌습니다.

우리는 오늘날 구석기 시대에서 신석기 시대로 넘어오는 중석기 시대 말기에 만들어진 돌절구를 볼 수가 있습니다. 이것은 곡식을 찧어서 가루로 만들어 음식을 해먹을 수 있었을 만큼 인간의 지혜가 발전된 자취라고 생각됩니다. 또 신석기 시대가 되면서는 떠돌이 생활을 그만두고 한곳에 정착하여 농사를 짓고 가축을 기르며 살게 되는 것을 알 수 있습니다.

불은 음식을 익히는 데도 사용되었지만, 그 음식을 담는 그릇을 만드는 데도 쓰였습니다. 짐승의 고기는 나무막대 같은 것에 꿰어 불에 구울 수 있었지만, 곡식 낱알은 불 속에서 타버려 재가 되기 때문에 그냥 익힐 수가 없었습니다. 그래서 곡식 등을 담아 보관하거나 불 위에 얹어 놓을 그릇이 필요해졌습니다.

이 그릇도 처음에는 아마 나무껍질 따위를 엮거나 짐승의 가죽으로 만든 주머니에 물이 새지 않도록 점토를 발라 사용했을 것이라고 추측됩니다.

그리고 또 이런 추측도 할 수 있습니다. 곡식을 담은 주머

니를 불 위에 얹어 놓았다가 점토가 딱딱하게 굳어진 것을 발견했을 것입니다. 어쩌면 화로를 만들 때 틈새를 점토로 메워 놓았다가 불을 지피자 그 점토가 딱딱해진 것을 발견했는지도 모르지요.

어쨌든 불을 사용하여 음식을 익히게 된 것과 토기(흙으로 만든 생활 도구)를 만들게 된 것은 서로 밀접한 관계가 있습니다. 점토를 바른 주머니를 굽고 하는 사이에 이번에는 점토만 을 구워서 토기를 만들 수 있는 사실을 알게 된 것입니다.

불은 짐승을 잡는 사냥 도구나 곡식을 거두는 농기구를 만드는 데에도 사용되었습니다. 이렇듯이 불을 사용하면서부터 인간의 문명이 점차 발달되어 온 것입니다.

석기 시대란 돌을 사용하여 생활에 필요한 여러 가지 도구를 만든 시대를 말합니다. 이때의 사람들은 석기를 만들 때 돌끼리 부딪쳐 깨뜨리는 방법뿐만 아니라 불에다 뜨겁게 달군 뒤 급히 식혀서 깨뜨리는 방법도 이용했습니다. 또 나무로 만든 창끝을 뾰족하게 하거나 통나무 배를 만드는 데도 불을 사용했습니다.

신석기 시대 말기에는 마침내 야금술도 발달되었습니다. 야금이란 광석에서 금속을 끄집어내는 일인데, 이것으로써 신석기 시대에 뒤이어 청동기 시대, 철기 시대로 발전한 것입니다.

청동기나 철기를 사용하게 되고부터 인류의 문명은 한층 더 진보되었습니다. 돌로 만든 도끼는 날이 금세 무디어지는데, 청동으로 만든 것은 그러한 일이 없었습니다. 또 모양도 자유롭게 만들 수 있었습니다. 그리하여 비교적 정교한 청동상도 만들 수 있게 되었지요.

청동에 비해 철은 또 훨씬 더 단단하기 때문에, 이것으로는 튼튼한 칼이나 괭이 따위를 만들었습니다. 무쇠로 만든 괭이로 논밭을 일구었을 때는 농작물이 더욱 잘 자라게 되었습니다.

천연의 광석에서 철을 녹여 끄집어내는 데에도 역시 불이 큰 역할을 하였습니다. 즉, 불을 이용함으로써 새로운 기구를 만들 수 있게 되었고, 그 기구를 사용하여 이제까지보다 훨씬 많은 농작물을 생산할 수 있게 되었습니다.

철을 사용하여 오늘날과 같은 복잡한 기계를 만들게 된 것은 그로부터 훨씬 뒤의 일입니다. 기계가 생기고, 이번에는 석탄 등을 태워 증기를 만듦으로써 그 힘으로 공장의 기계를 움직일 수 있게 되었습니다.

즉 열을 기계의 힘으로 바꾸어 주기만 하면, 기계는 사람을 대신하여 여러 가지 물건을 만들게 되었습니다. 공장의 기계뿐만 아니라 배나 자동차를 달릴 수 있게 하고, 말보다 빠른 속도로 달리면서도 좀처럼 지치는 일도 없습니다.

열을 기계의 힘으로 바꾸는 방법을 알게 된 인간은 이제까지의 것과는 비교도 할 수 없을 정도로 훌륭한 생활을 누리게 되었습니다.

빛으로 사용된 불

여러분은 우리나라에서 올림픽이 개최되었을 때 저 머나먼 그리스에서부터 성화가 운반되어 온 것을 알고 있을 것입니다. 그렇게 운반되어 온 성화는 폐회식 때까지 올림픽 주경기

태양열의 반사를
이용하여
올리픽 횃불에
점화시키는 장면

장을 밝히고 있었습니다.

불의 중요한 역할 가운데 하나가 빛의 작용입니다.

인간이 동굴 생활을 하던 옛날에는 밤이 되면 맹수들이 동굴 속을 침입하기도 했었습니다. 불안에 떨어야만 했던 인간은, 마침내 불을 얻은 후에는 안심할 수 있게 되었습니다. 동굴 입구에 불을 밝혀 놓으면 맹수들이 불을 겁내어 동굴 속까지 들어오지 못했기 때문입니다.

빛으로 사용된 불은, 처음에는 소나무 따위를 태워 등불로 사용하다가 나중에는 기름을 사용하게 되었습니다. 서양에서는 짐승이나 물고기의 기름을 사용했고, 우리나라에서는 주로 아주까리 같은 식물의 기름을 사용했습니다. 기름을 접시에 부은 다음 거기에 가느다란 심지를 꽂고, 그 심지에 불을 켰던 것입니다. 초는 그 이후에 사용된 것이지요.

석유를 태워서 등불로 이용한 것은 그보다 훨씬 뒤의 일입니다. 그 다음에야 석유램프, 가스등, 전등이 나타나게 된 것입니다.

그런데 여러분은 가스라니까 무슨 가스를 생각하는지요? 스컹크가 내뿜는 가스, 화산의 분화구가 뿜어내는 가스, 자동차의 배기가스, 화력 발전소의 굴뚝에서 나오는 아황산가스, 연탄가스 등을 생각합니까?

여기에서의 가스란 우리가 부엌에서 사용하고 있는 도시가스나 프로판가스를 이야기하는 것입니다.

가스등은 영국의 윌리엄 머독이라는 사람이 발명한 것입니다. 이 사람은 어릴 때부터 무엇인가를 발명하는 것에 흥미를 갖고, 그 취미로 일을 삼았습니다. 머독은 23살 때 고향을 떠나, 버밍엄에 있는 볼튼 와트 회사의 기술자로 취직했습니다. 이 회사는 세계 최초로 증기기관을 만든 회사입니다.

머독은 직장에 나가 일을 하면서도 여가 때 틈틈이 자신의 취미인 발명에 대한 연구를 계속했습니다. 그중의 하나가 석탄가스에 대한 연구였는데, 이 결과로 머독은 38살이 되던 해인 1792년에 자신의 집에 가스등을 밝힐 수 있었습니다.

그 무렵에는 집집마다 석유램프를 사용하고 있었는데, 석유램프는 주위를 고루 환하게 밝히지 못했고 냄새가 심했습니다. 또한 그을음 때문에 집 안이 금세 더러워졌고, 가끔 화재를 일으키기도 했습니다.

그러나 윌리엄 머독이 발명한 가스등은 그러한 걱정이 없기 때문에 사람들에게 매우 좋은 반응을 얻어 냈습니다. 가스등은 가로등으로도 사용되고, 또 공장에서도 차츰 사용하기 시작했습니다.

하지만 그 가스등도 이번에는 전등이라는 도저히 맞설 수 없을 만한 강적에 의해 서서히 밀려나게 되었습니다. 그리하여 등불로 사용되는 일은 줄어든 반면에 열원으로 사용되는 일이 많아졌습니다.

전기의 발견

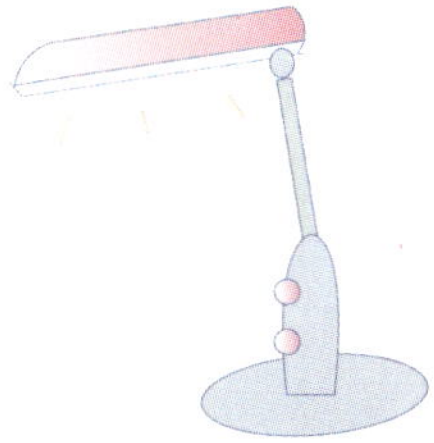

패러데이의 실험

여러분도 가끔 경험하겠지만, 겨울에 스웨터 등을 벗을 때 타닥 하는 소리와 함께 피부가 따끔거릴 때가 있습니다. 또 문의 손잡이에 손끝이 닿았을 때 손가락이 짜릿했던 경험도 있을 것입니다.

이러한 일들은 마찰 전기 때문에 생기는 것인데, 이 마찰 전기에 대한 것은 우리도 손쉽게 실험해 볼 수 있습니다.

우선 여러분이 사용하고 있는 책받침을 겨드랑이 사이에 넣어 문지른 후에 그것을 즉시 종이 위에 대보세요. 분명히 종이가 책받침에 달라붙게 될 것입니다.

이와 같은 마찰 전기는 아주 오래 전부터 알려져 있었습니다. 그리스의 탈레스라는 사람은 기원전 600년 전에 이미 보석으로 쓰이는 돌인 호박을 문지르면 그 돌에 새의 깃털이 달라붙는다는 것을 알았습니다. 그러나 전기에 대한 연구는 그

로부터 2000년 동안이나 진보되지 않았습니다.

물체를 문질렀을 때 생기는 전기를 정전기라고 합니다. 이 정전기는 그 이름처럼 움직이지 않는 전기로서, 한번 탁 하고 불꽃이 튀면 곧 사라집니다. 그러므로 전등을 켜거나 전동차를 달리게 하는 전기로 사용할 수 없습니다. 전기로 사용하려면 순간적인 전기가 아니라 계속 일어나야 하는 전기여야 하기 때문입니다.

'흐르는 전기' 즉, 전류를 만들어 낸 사람은 이탈리아 의 물리학자 볼타입니다. 1800년의 일이지요.

볼타는 2개의 그릇에 소금물을 담아 놓고, 그 그릇에 특수하게 만든 철사의 양끝을 한 쪽씩 담갔습니다. 한 쪽 끝은 구리, 다른 한 쪽 끝은 아연으로 되어있는 철사였습니다.

그랬더니 전기가 일어나 철사를 통해 흐르기 시작했습니다. 이 전기는 정전기와는 달리 금세 사라지지 않았습니다.

이렇게 해서 불타는 전기를 계속하여 끄집어 낼 수 있는 전지를 발명했습니다. 그리고 볼타의 이 공적을 기리기 위해 전압의 단위를 '볼트'로 나타내게 된 것입니다.

그러나 이 전지로도 전동기를 움직일 수 있는 강한 전류를 얻기가 어려웠습니다. 오늘날과 같은 발전기가 만들어지게 된 것은 마이클 패러데이라는 영국의 과학자 덕분입니다.

패러데이는 물리학자이면서 화학자였습니다. 그가 쓴 「촛불의 과학」이라는 책은 과학 이야기가 알기 쉽고도 재미있게 씌어진 것으로 유명합니다.

패러데이는 1791년에 영국 런던의 한 교외에서 대장장이의 아들로 태어났습니다. 어릴 때는 책 만드는 제본 공장에서 잔심부름을 하며 지냈는데, 심부름하는 틈틈이 과학책을 열심히 읽는 어린이였습니다. 그러다가 22살이 되어 런던 왕립 연구소의 유명한 화학자인 데이비 경의 조수가 되어 화학 실험을

볼타의 실험하는 모습

하게 되었습니다.

그러던 중, 패러데이는 혼자서 어떤 실험을 했습니다. 전선을 감아서 만든 코일에 전류계를 장치하고, 코일 속에 자석을 넣었다 뺐다 하는 실험이었습니다. 그리고 그 실험에서 자석을 움직이는 동안은 전기가 일어난다는 사실을 발견하게 되었습니다. 전류계가 움직이는 것을 볼 수 있었기 때문입니다.

그것은 코일 속에 자석을 넣거나 빼는 대신 자석 사이에 코일을 넣거나 빼거나 해도 마찬가지였습니다. 코일이 움직이는 동안은 전기가 일어났으므로, 계속해서 코일을 세차게 움직인다면 전기도 계속 많이 일어날 것이라고 생각했습니다.

패러데이는 다시 코일의 역할을 하는 둥그런 구리 원판을 자석 사이에 놓고 빙글빙글 돌려 보았습니다. 그랬더니 놀랍게도 계속해서 전기가 나오는 것이었습니다. 패러데이가 40살이었을 때의 일입니다. 패러데이는 이렇게 하여 세계 최초로 전기를 만들었습니다.

구리 원판은 사람의 힘이어도 좋고, 흐르는 물이나 바람의 힘, 또 증기의 힘으로도 돌릴 수 있습니다. 물의 힘으로 돌린다면 흐르는 물이 가지고 있는 '운동 에너지'가 전기 에너지로 바뀌게 됩니다.

전기로 한번 바뀐 에너지는 매우 편리합니다. 2개의 전선만 있으면 전기를 먼 곳까지 보낼 수 있기 때문에, 이것으로 모터를 돌리면 냇물이 흐르지 않는 곳에서도 물레방아가 하는 것과 똑같은 일을 할 수 있습니다. 다시 말하면, 물이 가지고 있는 운동 에너지를 일단 전기 에너지로 바꿈으로써 멀리 운반할 수 있고, 거기서 모터를 돌려 다시 본래의 에너지를 만들어 낼 수 있는 것입니다.

패러데이는 이와 같은 훌륭한 발명은 했지만, 그 자신 혼자서는 발전기를 만들어 내지 못했습니다. 실제로 사용할 수 있

● **전자 유도 실험**

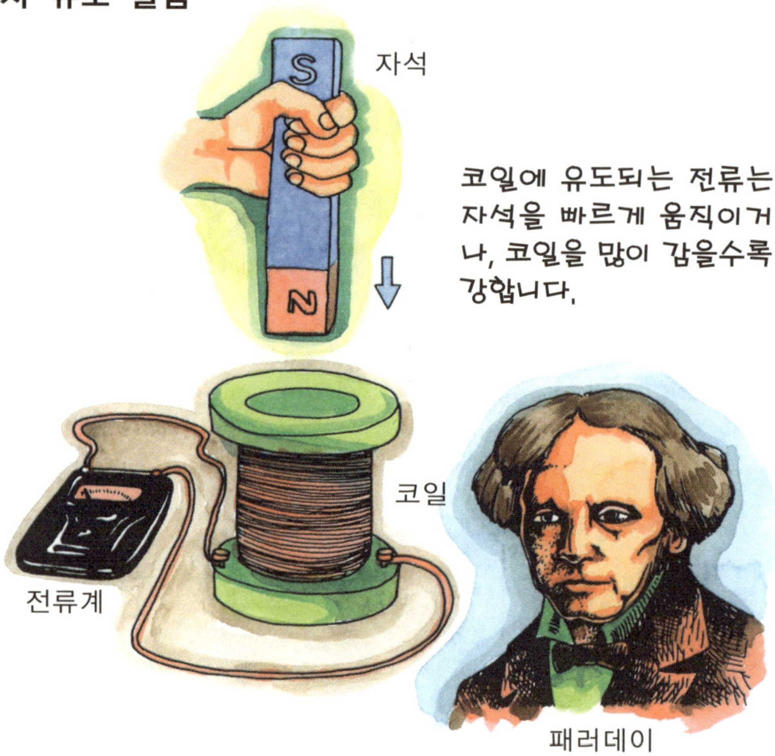

는 전기가 만들어진 것은 패러데이의 발명으로부터 50년이 지난 후입니다. 그 동안에 많은 과학자들이 연구를 거듭한 끝에 실제로 쓸 수 있는 전기를 만들어 내는 발전기가 완성된 것입니다.

그 증거는, 오늘날의 발전기는 자석 사이에서 구리 원판을 돌리는 구조로 되어 있지 않다는 것입니다.

전등을 발명한 에디슨

여러분은 밤에 하는 프로 야구를 텔레비전에서 중계하는 것을 보았을 겁니다. 아니면 야구장에서 직접 야간 경기를 본 사람도 있겠지요. 어땠습니까? 야구장이 대낮처럼 환한 것을 기억하겠지요?

또 지하 상가는 어떻습니까? 형광등을 밝게 켜 놓아 눈이 부실 정도입니다. 우리가 오늘날 이렇듯 불편함 없이 밝게 살 수 있는 것은 발명왕 에디슨 덕분입니다.

에디슨은 1847년 미국의 오하이오 주 밀란에서 태어났습니다. 집이 매우 가난하여 12살 때에는 디트로이트와 휴런 사이를 달리는 기차 안에서 신문과 음식물을 파는 일을 했습니다.

어느 날입니다. 소년 에디슨은 역 플랫폼에서 머켄더 역장과 대화를 나누고 있었습니다. 그때 역장의 어린 아기가 철로를 따라 아장아장 아버지에게로 오고 있는 것이 보였습니다. 때마침 뚜우 하는 기적 소리를 울리며 기차가 역으로 들어오고 있었습니다.

너무나 위험한 순간이었습니다. 소년 에디슨은 앞뒤 살필 겨를도 없이 철로로 달려가 아기를 와락 끌어안고는 철로 밖

탄소면필라멘트
백열전등
(1879년 발명)

발명왕 에디슨

축음기

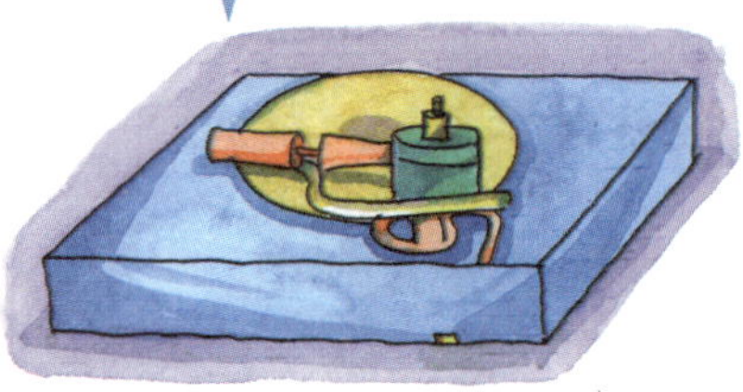

으로 한 바퀴 몸을 굴렀습니다. 아슬아슬한 순간, 열차는 땅을 울리면서 에디슨과 아기 곁을 지나갔습니다.

머켄더 역장은 에디슨에게 자신의 아기를 살려 준 생명의 은인이라며 깊은 고마움을 표시했습니다. 그러고는,

"너는 전신에 대해 많은 관심을 갖고 있는 것 같은데, 아기를 살려 준 보답으로 내가 그것을 가르쳐 주마."

하고 약속했습니다.

그로부터 3개월 만에 에디슨은 전신에 대한 것을 모두 배웠습니다. 그래서 휴런 역의 전신계에 취직하게 되었습니다.

에디슨은 주로 야간 근무를 하게 되었습니다. 때문에 낮에는 집에 와서 잠을 자야 했지만, 그는 잠잘 새도 없이 실험에 열심이었습니다. 그러니 자연 밤이 되어 일터로 나가면 앉아서 조는 일이 많았습니다.

이 일을 눈치 챈 역에서는 에디슨에게 30분마다 한 번씩 A자를 송신하라는 명령을 내렸습니다. 30분이 지나도 A자가 송신되지 않으면 졸고 있는 것이 탄로나기 때문에, 반드시 졸지 않을 거라고 생각하고 내린 명령이었습니다.

그날 밤은 30분마다 꼬박꼬박 A자가 송신되어 왔습니다. 그 다음날도 역시 마찬가지였습니다. 역에서 일하는 사람들은,

"역시 A자를 송신하라는 명령을 내리길 잘했어. 이 녀석이 졸지 않고 꼬박꼬박 송신하는 걸 보라고."

하면서 에디슨의 방을 들여다보았습니다.

그런데 이게 웬일입니까? 에디슨은 태평하게도 쿨쿨 자고 있는 것이었습니다. 실은 에디슨이 전신기에 시계를 장치하여, 자고 있는 동안에도 30분마다 자동적으로 A자가 송신되도록 해놓았던 것입니다.

이 일이 탄로나게 되자 에디슨은 모처럼 일하게 된 역에서 쫓겨나고 말았습니다. 그러나 이내 다른 곳으로 가서 전신 일을 계속하게 되었습니다.

에디슨이 처음에 발명한 전등은 '백열전등' 입니다. 가느다란 탄소 선에 전류를 흐르게 하면 탄소가 데워져 비치게 되는데, 공기 속에서 이렇게 하면 이내 타 버리기 때문에 탄소 선을 유리 속에 넣고 진공 펌프로 유리 속의 공기를 빼냈습니다.

에디슨은 처음에 종이를 태워서 만든 탄소 선을 사용했으나 이것은 금세 끊어지고 말았습니다. 그래서 다음에는 무명실을 태운 것을 사용했습니다.

이렇게 해서 드디어 1879년 10월, 에디슨이 만든 백열등은 40시간이나 계속 켜졌습니다.

'애개, 겨우 40시간?'

여러분은 이렇게 생각할지도 모르지요. 하지만 그때 당시로서는 40시간 동안 불이 켜져 있었다는 사실만도 매우 엄청나고 중요한 발명이었습니다.

다음에 에디슨은 대나무를 가늘게 쪼개서 구운 것이 가장 좋다는 것을 발견하였습니다. 그래서 세계 여러 곳에 사람을 보내어 대나무를 모았습니다. 어느 나라의 것이 가장 좋은가를 알아보기 위해서였습니다. 이렇게 하여 대나무를 9년 동안이나 사용했다고 합니다.

대나무 탄소 선은 오늘날 사용되고 있지 않습니다. 지금은 텅스텐이라는 금속으로 만든 필라멘트를 사용하고 있지요. 이것은 미국의 그리디라는 사람이 성공시킨 것인데, 텅스텐을 가는 선으로 만들기란 매우 어려운 일이었습니다.

오늘날에는 텅스텐의 가는 선을 코일로 하고, 그것을 다시 되감은 이중 코일을 만들어 사용하거나, 전구 속을 진공 상태로 만든 다음 다른 가스를 넣은 가스 전구를 만들 만큼 발전하였습니다.

백열등이 만들어진 뒤에 다른 여러 가지 전등이 만들어 졌습니다. 고속 도로 같은 데에 사용되고 있는 수은 등이나 나트륨 등 외에, 여러분이 잘 알고 있는 형광등도 있습니다.

형광등은 탄소 선 역할을 하는 필라멘트가 비치는 것이 아닙니다. 이것은 방전, 즉 플러스극(+)과 마이너스(-)두 전극 사이에 전류가 흐르게 되면 자외선이 나와 이것이 램프 안쪽에 발라 놓은 형광 물질에 닿게 되어 그 형광 물질이 밝게 비치는 것입니다.

무슨 우스갯소리를 듣고 나서 남들보다 그 반응이 약간 늦은 사람을 형광등이라고 빗대는 일이 있습니다. 형광등은 스위치를 넣은 뒤 약간의 시간이 걸려서 불이 켜지기 때문에, 남들이 다 웃고 난 뒤에 혼자 깔깔거리며 웃거나 하는 사람을 형광등에 비유한 것입니다.

전기가 없다면 어떻게 될까?

갑작스러운 사건이었습니다. 1965년 11월 9일, 현지 시간 오후 5시 30분, 뉴욕 등 미국의 동북부 지방 전체가 정전이 되어 버린 것입니다.

지하철은 터널 속에서 정지되고, 거리를 걷고 있던 사람들도 '어?' 하면서 서 버렸습니다.

'정전이야! 하지만 곧 불이 들어오겠지.'

모두들 이렇게 생각했으나 전기는 좀처럼 들어오지 않았습니다.

"이상하네?"

5분이 지나고 10분이 지나는 동안 모두 고개를 갸우뚱 거렸습니다. 30분, 1시간이 지나도 전기는 들어오지 않았습니다. 이런 일은 좀처럼 없었던 일입니다.

뉴욕의 지하철에는 무려 80만 명이라는 승객이 타고 있었습니다. 어두운 터널에 갇혀 기절하는 부인들이 늘어나기 시작했습니다.

뉴욕의 맨하탄 거리는 초고층 빌딩이 늘어서 있는 곳으로 유명합니다. 회사뿐만 아니라 아파트와 호텔도 그 초고층 건물들 속에 끼어 있습니다.

형광등이 빛나는 방법

반짝!
야, 형광등이 켜졌다!
어이구, 어느새 해가 졌구나!
①
저형광등은 방전을 이용해 만든 것이란다.
필라멘트
전극
핀
유리관 양 끝에 서로 마주보는 전극이란 것이 붙어 있지. 여기에 전류가 흐르면 필라멘트가 뜨거워져서, 전자가 한쪽 전극에서 반대편 전극으로 전달되는거야.
③
전자
수은가스
자외선
형광체
유리관
유리관 안에는 수은 가스가 들어 있어서, 전자가 여기에 부딪치면 사람의 눈에는 보이지 않는 자외선을 내는 거란다.
저 수은등이나 길 건너편의 네온 사인의 구조도 모두 같단다.
⑤
박사님 머리는 방전하고 있지 않죠?
이놈들
⑥

한 호텔 19층에 묵고 있던 어떤 부인은 볼일이 있어 1층에 내려왔을 때 정전이 되어 엘리베이터가 멈추자,

"19층까지 어떻게 걸어서 올라가?"

하며, 현관에 놓여 있는 소파에 주저앉고 말았습니다.

더러는 밖에서 기다리기가 지루하여 계단을 걸어 올라가기 시작하는 사람도 있었는데, 그 때문에 목숨을 잃기까지 하였습니다.

호텔 계단을 10층까지 올라가 자기 방 앞에 다다르자 그만 심장 마비를 일으키고 만 것입니다. 언제나 엘리베이터를 타고 오르내리고, 문 밖으로 한 걸음 나서면 자동차가 기다리고 있는 생활에 젖어 있었기 때문에 계단을 오르는 데 무척 힘이 들었던 것입니다.

한창 수술을 실시하고 있던 병원도 많았습니다. 큰 병원에는 자가 발전기가 있으나, 웬만한 병원에는 그런 설비가 갖추어져 있지 않아 회중전등을 이용하여 가까스로 수술을 마친 곳도 있었습니다.

또 터널이나 다리 위에서 멈춰 버린 열차의 승객 구출도 좀처럼 진행되지 않았습니다. 이스트강 다리의 중간에서 멎어 버린 열차의 승객들은 위태롭게 다리 위를 걸어서 언덕에 도달하는 데 무려 5시간이나 걸렸습니다.

전기로 움지이는 전철

번쩍 번쩍
①
어? 팬터그래프(전기를 받아들이는 기계) 있는 곳에서 파란 불꽃이 생기네?
그런데 어째서 깜빡깜빡 하지요?
미애야, 저것은 불꽃 방전이라는 거야.
②
전철이 흔들리면 팬터그래프와 전선 사이가 조금 떨어지는데, 전선에서 전기가 팬터그래프로 흐르려고 하기 때문이야.
③
그래, 맞아.
그러면 전기는 전선에서 팬터그래프로 흐르고 있군요?
④
전선에서 팬터그래프를 지난 전류는 모터로 가고, 모터의 회전이 차바퀴에 전달되어 전철이 움직이는 거야.
모터
⑤
이상하다. 어느 곳은 전선이 없는데도 전철이 움직이는데......
⑥
제3의 레일)
전기를 전해주는 곳
그것은 전선 대신 제3의 레일이 깔려있어서, 그곳을 흐르는 전류를 받아들여 움직이는 거야.
⑦

터널 속의 승객은 마침내 탈출을 포기하기에 이르고, 인근 역에서 음식물을 실은 구급대가 열차를 향해 달려가기 시작했습니다. 이 열차는 14시간 후에야 겨우 움직일 수 있었습니다.

한편 거리에서는 악덕 영업 행위가 들끓었습니다. 택시 요금을 평소보다 5배나 더 받는 횡포를 부리는 운전기사가 있는가 하면, 양초 값을 평소의 3배나 올려 받는 뻔뻔스러운 장사꾼도 생겨났습니다.

보스턴에서 북쪽으로 40킬로미터 떨어진 곳에 있는 주립 형무소에서는 죄수들이 폭동을 일으켰습니다. 감방에서 제멋대로 나온 죄수들은 닥치는 대로 유리창을부수고 가구를 부수면서 거리를 활보하였습니다. 이것을 진압하기 위해 주 경찰대가 출동하여 최루탄을 터뜨리는 소동까지 벌어졌습니다.

정전 때문에 놀란 사람은 누구보다도 하늘을 날고 있는 여객기의 기장들이었습니다. 한 여객기가 보스턴 비행장에 착륙하려는 순간 갑자기 비행장이 사라진 것입니다. 깜짝 놀란 기장이 눈을 비비고 다시 보았지만, 그곳에 있어야 할 활주로가 보이지 않는 것이었습니다.

"정신 차려야 해!"

기장은 자기 자신에게 이렇게 소리지르며 조종간을 잡아당겼습니다. 그 순간 비행기는 격렬한 파열음을 내며 다시 하늘로 날아올랐습니다. 가까스로 추락 사고를 면한 것입니다.

"조정탑! 조정탑!"

필사적으로 부르짖은 기장의 리시버에 가까운 공군 비행장에서 긴급 발전 장치로 활주로를 비추면서 그곳으로 착륙하라는 지시가 들려왔습니다. 놀랍고도 위험한 순간에 가까스로 공군 비행장에 착륙한 기장은,

"내 평생에 이번처럼 놀라기는 처음이다!"

하면서 긴 한숨을 내쉬었습니다.

뉴욕을 비롯한 미국의 동북부 지방 전체가 깜깜해진 대정전 중에도 방송국과 전화국에서는 일을 계속하고 있었습니다. 자가 발전을 가동시켰기 때문입니다.

사람들은 자기 집에 전화를 걸기 위해 공중전화 앞으로 벌떼같이 모여 장사진을 이루었습니다. 11월의 뉴욕의 밤은 몹시 추웠습니다. 모두들 추위에 떨면서 차례를 기다렸습니다.

방송은 계속되고 있었으나 정전이 되었기 때문에 텔레비전은 방영되지 않았습니다. 다행히 트랜지스터 라디오를 가진 사람들이 간혹 있어 그 사람 곁에 다가앉아 뉴스에 귀를 기울일 수 있었습니다.

뉴욕 사람들이나 보스턴 사람들은 자기들이 사는 곳만 정전이라고 생각했었습니다. 그런데 라디오 뉴스를 들어보니 그

게 아니었습니다. 이 정전은 이제까지 볼 수 없었던 대규모라는 것에 모두들 놀랄 수밖에 없었습니다. 뉴욕과 매사추세츠주, 펜실베니아 주의 대부분 및 캐나다에까지 걸친 대정전이었던 것입니다.

방송을 하는 라디오의 아나운서도 언제 불이 켜질는지를 전혀 알지 못했습니다.

"앞으로 30분 정도 걸릴 것입니다."

"다시 말씀드립니다. 앞으로 1시간 후에는 불이 들어올 것 같습니다."

갈팡질팡 무책임한 방송만 계속할 뿐이었습니다.

새벽 3시30분이 되어서야 뉴욕 중심부에 먼저 전기가 들어왔습니다. 겨우 문명 사회로 되돌아오게 된 것이죠.

이 대정전의 원인은 일주일 뒤에야 밝혀졌는데, 캐나다에 위치한 발전소의 스위치 하나가 고장인 것이 그 원인이었습니다. 그 스위치의 고장으로 다른 스위치에 큰 전류가 흘러, 그것이 벼락이 떨어진 것과 같은 충격 전류가 되어 송전선에 흘렀기 때문에, 이것이 미국의 여러 변전소에 차례로 전해지자 고장을 일으킨 것이었습니다.

이와 같은 작은 고장이 원인이 되어 일어난 이 대정전은, 더욱이 단 하루 만에 일어난 것이었지만 미국을 대혼란에 빠

뜨렸었습니다. 이처럼 문명 사회라 일컫는 도시 생활은 단 한 순간도 전기가 없으면 아무 일도 할 수 없을 정도입니다.

다행히도 우리나라는 이 뉴욕의 대정전과 같은 사건이 일어나지 않게끔 예방 조치가 되어 있습니다. 어느 한 곳에서 정전이 일어난다 해도 그것 때문에 광대한 지역 여기저기에 걸쳐 고장이 일어나지 않도록 전기가 흐르는 길마다 장치를 해 놓고 있는 것입니다.

그러나 오늘날은 텔레비전이나 전기 냉장고 등 전기 가전제품이 급속도로 보급되고 있기 때문에 오후 9시~10시경에는 발전소에서 온힘을 기울여 발전을 하고 있습니다. 또한 옛날처럼 발전소 설비에 여유를 가지지 못하게 되었으므로 비록 뉴욕에서와 같은 대정전은 일어나지 않는다 해도 작은 정전은 자주 일어날 것이 염려됩니다.

산업의 발달과 더불어 발전소 건설도 서둘러야 하지만, 그렇다고 공해를 일으키는 발전소를 아무렇게나 건설할 처지도 못됩니다.

물론 발전소에 의한 공해를 없애는 방법은 몇 가지 있습니다. 발전소에서 가장 큰 문제가 되는 공해는 아황산가스인데, 이것은 연료 속에 들어 있는 유황이 연소되어 생기는 것입니다. 그러므로 유황이 적은 연료를 사용하거나 연료 속의 유황을 연소시키기 전에 미리 제거해 버리면 됩니다.

이와 함께 필요 없는 전기는 사용치 말고 전기를 절약하는 일도 필요합니다.

전기를 아껴야 하는 이유

여러분의 집에서는 추운 겨울에 어떤 식으로 난방을 합니까? 석유 난로, 가스 난로, 전기 난로 등 난방 기구에는 여러 종류가 있습니다.

석유 난로는 매우 따뜻하기는 하지만 켤 때나 끌 때 심한 냄새가 납니다. 게다가 잘못 다루어 넘어뜨리기라도 하는 날에는 큰 화재를 일으키게 됩니다. 최근에는 넘어지면 저절로 불이 꺼지게 되어 있어 안전하게 만들어진 난로도 있지만, 그래도 주의를 해야 합니다.

가스 난로는 스위치만 누르면 불이 켜지기 때문에 매우 편리합니다. 그러나 석유 난로와 같이 방 안에서 불이 타는 것이므로 걱정되지 않을 수 없습니다.

석유 난로도 마찬가지이겠지만, 가스 난로를 사용할 때는 가끔 창문을 열어 환기를 시켜 주지 않으면 안 됩니다. 그렇게 하지 않으면 실내에 산소가 부족하게 되어 가스가 불완전 연소하므로 일산화탄소가 나오기 때문에 중독을 일으키게 됩니다. 가스로 물을 덥힐 때나 목욕물을 끓일 때, 불완전 연소 때문에 일산화탄소에 중독되어 죽는 일도 있습니다.

'미련하긴. 죽을 정도로 공기가 나빠지면 가스를 끄면 되잖아.'

여러분은 혹시 이렇게 생각하고 있지는 않습니까? 그러나 이 정도가 되면 이미 손발을 움직일 수 없게 되므로 자신의 힘으로서는 가스를 끌 수 없는 상태에 놓이게 됩니다.

또한 가스는 고무관을 잘못 밟거나 바람이 불거나 해서 불이 꺼진 것을 모르고 있으면 연소되지 않은 가스가 새어나와 죽게 되는 일도 있습니다. 고무관이 모르는 사이에 벗겨지거나 오래되어 금이 간 곳이 있으면, 그 틈새로 가스가 새어 나오기도 합니다.

그러면 패널 히터나 전기 난로는 어떠할까요?

패널 히터는 가스 난로와는 달리 방 안을 빨리 덥힐 수는 없지만 방 안 전체가 자연스럽게 데워집니다. 그리고 그 표면이 그리 뜨겁지 않기 때문에 잘못하여 약간 닿아도 화상을 입을 염려가 없습니다.

전기 난로도 너무 뜨거워지면 더머스탯이라고 하는 스위치가 작동하여 저절로 전기가 끊어지도록 되어 있습니다. 그래도 뭔가 다른 원인으로 지나치게 뜨거워지면 온도 퓨즈가 녹아 전기가 끊어지므로 가스 난로에 비해서 안전하다고 할 수 있습니다.

그런데 전기를 난방으로 이용하는 것은 나라 전체의 경제적인 면이나 에너지 문제에 있어서 곤란한 점이 많습니다. 우선 전기를 일으키는 것을 살펴보도록 하지요.

전기는 석유를 태워 그 열 에너지로 수증기를 만들고, 이 수증기의 에너지로 증기 터빈을 돌립니다. 증기 터빈에는 발전기가 붙어 있어서 터빈이 돌면 발전기도 함께 돌아서 전기를 일으키는 것입니다.

이처럼 석유가 가지고 있는 열 에너지가 전기 에너지로 변하는 것이지만, 이 과정이 아무리 잘 이루어진다고 해도 본래의 열 에너지의 10분의 4 정도밖에 전기로 변하지 않습니다. 그렇다면 나머지 10분의 6은 어떻게 될까요? 이것들은 바닷속이나 하늘로 달아나 낭비가 되고 맙니다.

이렇게 해서 만들어진 전기는 송전선을 거쳐서 가정으로 들어오는데, 이때에도 약간 줄어듭니다. 따라서 모처럼 애써서 일으킨 전기를 다시 전기 난로 등으로 열로 되돌려 사용한다는 것은 정말로 아까운 일이 아닐 수 없습니다.

반면에 발전에 처음 사용한 석유는 가정에서 태운다면 같은 양의 석유로 전기보다 2배 반이나 난방을 할 수 있습니다.

중앙 난방식은 바깥에서 가스나 석유를 태워 더운 물을 만들고, 이 더운 물을 파이프에 끌어넣어 방 안을 데우는 것입니다.

그런데 가스와 석유는 좋지 않으며, 역시 전기가 아니면 안 되는 것이 있습니다. 그 하나가 등불입니다.

형광등도 스탠드의 백열 전등도 모두 다 전기로 빛을 발합니다. 전등은 전기 에너지를 빛으로 바꾼 것입니다.

석유 램프나 촛불은 정전되었을 때는 전기 대용으로서 편리하지만 보통 때는 주위가 어두워서 사용하기에 불편합니다. 그리고 전기 냉장고나 전기 세탁기도 전기가 없으면 움직이지 않습니다. 냉장고에는 가스 냉장고라는 것이 있긴 하지만 가스 세탁기라는 것은 없습니다. 이와 같이 모터로 움직이는 것은 모두 전기가 필요합니다.

또 하나는 텔레비전, 전화 등의 전기 통신입니다. 전화는 인간의 목소리 에너지를 전화기 속에 들어 있는 마이크로폰이라는 기계 장치로써 전기 에너지로 바꾸는 것입니다. 이것이 전화선을 통하여 상대방의 전화기로 들어가고, 수화기에서 다시 소리 에너지로 바뀌어져서 먼 곳에 있는 사람의 소리를 들을 수 있는 것입니다.

텔레비전과 라디오는 영상이나 소리가 전파에 실려 먼 곳까지 운반됩니다. 옛날에는 산 위에다 횃불을 놓는 봉화를 이용하여 통신했었는데, 그것으로는 멀리 떨어진 곳까지 통신이 되지 않습니다. 봉화는 서로 쳐다볼 수 있는 거리에서만 통신이 가능했습니다.

그러나 전파를 사용하면 아주 먼 곳까지도 통신을 할 수 있습니다. 지구 반대쪽에서 생긴 일까지도 통신 위성을 통하여

안방에 가만히 앉아 텔레비전으로 동시에 볼 수 있게 되었습니다.

미국이 쏘아 올린 인공위성인 화성 탐측기 매리너 4호는 화성의 표면을 사진으로 찍어서 2억 킬로미터나 떨어져 있는 지구로 송신하였습니다. 우리는 이 사진을 보고서 화성에도 달의 표면에 있는 것과 같은 자국이 있다는 것을 알게 되었습니다.

이 모든 일을 가능하게 하는 전파는 트랜지스터나 진공관 등에 전기를 흐르게 하여 만듭니다. 그러나 전기가 없으면 이와 같은 통신을 할 수 없습니다.

우리가 전기를 아껴 써야 하는 것은 바로 이러한 일 때문입니다.

● 우리 생활에 이용되는 전기제품

다리미

냉장고

전축

믹서

전기오븐

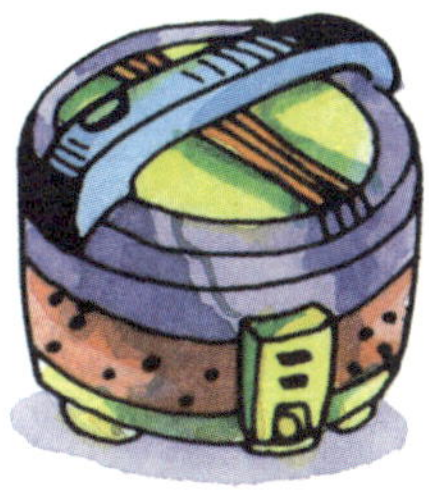

전기밥솥

세탁기

에어콘

● 전기가 송전되는 과정(발전에서 소비까지)

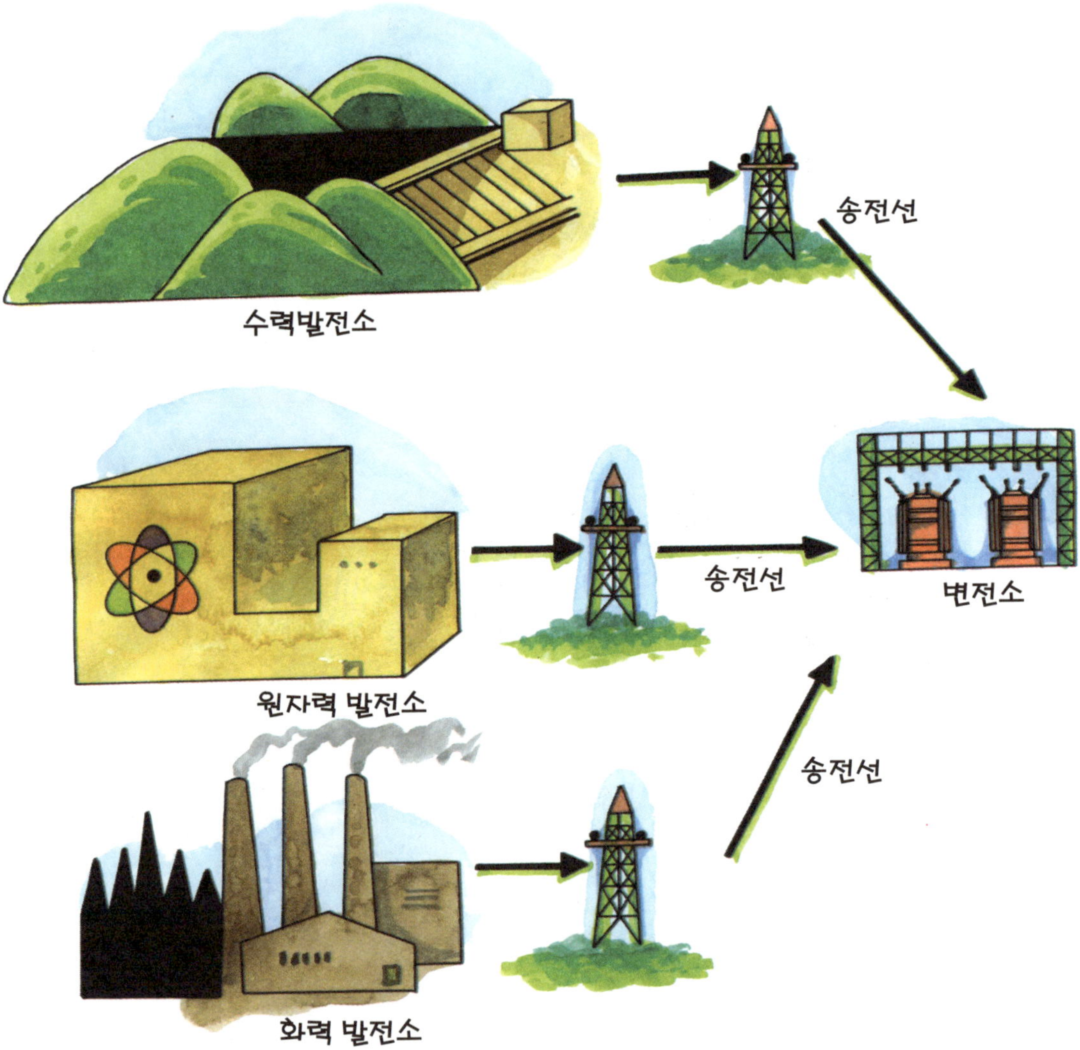

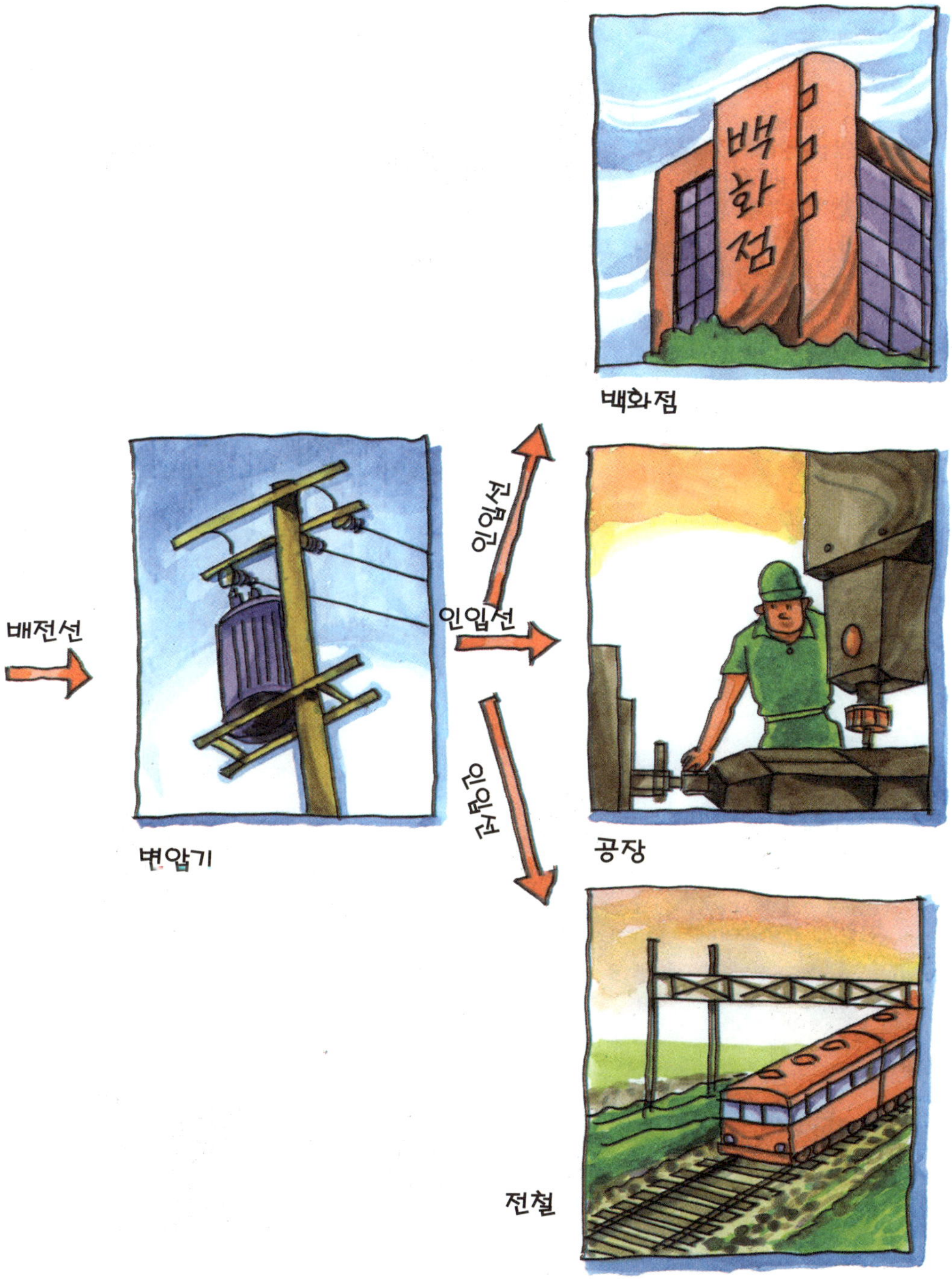
백화점
백화점
인입선
인입선
인입선
배전선
변압기
공장
전철

●전기를 알아 내는 실험●

①
프랭클린은 연을 날려 번개가 전기로 되어있다는 것을 알아냈다고 했는데.
②
아, 박사님.
민호야, 프랭클린은 연실을 마사(삼으로 만든 실)로 사용하면서 중간에 금속으로 된 열쇠를 달아 놓았지.
③
그 열쇠를 라이든 병에 연결해서 전기를 인도하도록 했어요. 그리고 열쇠에서 손까지의 실은 전기가 통하지 않는 견사를 사용했으므로 감전될 염려가 없게 했어요. 이 실험은 위험하니까 함부로 하면 안 됩니다.
④
프랭클린(1706~1790)은 미국의 과학자, 출판업자이면서 정치가이기도 합니다. 또한 미국철학협회창립 등을 통해 폭넓은 교육 문화 활동도 하였습니다.
그는 연을 날려 번개와 전기의 방전은 똑같다는 것을 증명하였고, 이후에는 미국의 독립선언문을 만들기도 하였습니다.
⑤
민호도 프랭클린과 같은 훌륭한 사람이 될 수 있어.
⑥
정말 연은 아주 쓸모가 있군요, 헤헤.

발전의 원리

바람의 이용

여러분은 태풍이 부는 밤에 세찬 바람이 창문을 덜컥거리며 흔들어 대는 소리에 잠을 못 이룬 적이 있을 것입니다. 또는 길을 걷고 있을 때 갑자기 강한 바람이 불어닥쳐 날려갈 뻔한 일도 있을 것입니다.

바람은 매우 센 힘을 가지고 있습니다. 미국에서는 회오리바람 때문에 말이나 소, 어떤 때는 집까지 하늘 높이 날아오르는 일이 자주 일어나곤 합니다. 이른 봄에 모래바람이 회오리쳐 모래 기둥 같은 모양으로 되는 일이 일어나는데, 오죽하면 미국 사람들이 이것을 '데저트 데빌(모래 악마)' 이라고 부르겠습니까.

이 모래 악마는 높이가 800미터나 되고, 7시간 동안에 무려 56킬로미터나 움직인 사실이 있다고 합니다. 그 거대한 모래더미가 빠른 속도로 지상을 휩쓰는 장면을 상상해 보십시

보퍼트 풍력 계급표

풍력계급	매초당 나아가는 거리(미터)	바람의 이름	풍속에 따른 변화
0	0.0~0.2	고 요	연기가 똑바로 상승한다.
1	0.3~1.5	실 바 람	풍향계에 의해서는 알 수 없으나, 연기가 움직이는 모습에 의해 바람의 방향을 알 수 있다.
2	1.3~3.3	남 실 바 람	바람이 얼굴에 느껴지고 나뭇잎이 살랑이며, 풍향계가 바람에 움직인다.
3	3.4~5.4	산 들 바 람	나뭇잎과 잔 가지가 일정한 운동을 하며, 깃발이 가볍게 흔들린다.
4	5.5~7.9	건 들 바 람	먼지가 일어나고, 종이가 흐트러지며, 나무의 작은 가지가 움직인다.
5	8.0~10.7	흔 들 바 람	잎이 있는 작은 나무가 흔들리기 시작하며, 나무의 작은 가지가 움직인다.
6	10.8~13.8	된 바 람	큰 나뭇가지가 흔들리고, 전깃줄에서 휭 소리가 나며, 우산을 쓰기가 힘들다.
7	13.9~17.1	센 바 람	나무 전체가 흔들리고, 바람을 맞서 걷는 것이 힘들다.보통 걷기 흠들다.
8	17.2~20.7	큰 바 람	나무의 잔 가지가 꺾이고, 보통 걷기 힘들다.
9	20.8~24.4	큰 센 바 람	약간의 건물 피해가 일어난다(굴뚝 뚜껑과 슬레이트 같은 것이 날아간다)
10	24.5~28.4	노 대 바 람	내륙에서는 아주 드물게 나타나는데, 나무가 뿌리째 뽑히고 상당한 건물 피해가 발생한다.
11	28.5~32.6	왕 바 람	경험하기 매우 드문 것으로 넓은 지역에 걸쳐 피해가 발생한다.
12	32.7 이상	싹 쓸 바 람	격심한 피해를 입는다.

오. 끔찍한 사태일 것입니다.

태풍이 불 때는 바람이 너무 세서 바람을 맞받고 걷지 못할 경우가 있는데, 이때 바람의 속도, 즉 풍속은 대개 초속 17~20미터가 됩니다. 또 풍속을 나타내는 데 풍력이라는 말을 흔히 사용하기도 하는데, 풍력 1이라든가 풍력 2,3…… 등이라고 합니다.

이 풍력이라는 것은 옛날 선원들이 바람의 세기를 나타내는 데 사용하던 것을, 1806년에 보퍼트라는 사람이 누구나 알기 쉽도록 '풍력 계급'이라는 것으로 만든 것을 바탕으로 한 것입니다.

풍력 계급표를 보면 풍력을 0에서 12까지 13단계로 나누어 놓고 있습니다. 예를 들어 풍력 3이라고 하면 매초마다 3.4 ~ 5.4미터를 가는 바람이라는 뜻이며, 이때의 바람은 나뭇잎이나 작은 나뭇가지가 쉴 새 없이 움직이거나 깃발이 나부낄 정도의 산들바람입니다. 그리고 바다에는 평소보다 조금 센 파도가 일렁입니다.

또 풍력 7이라고 하면 매초 13.9 ~ 17.1미터를 나아가는 바람의 세기로서, 이때는 나무 전체가 흔들리고 바람을 맞서 걷기가 힘든 센 바람인 것입니다.

태풍이 불어오게 되면 시가지의 간판이 날아가거나 때로는 열차가 뒤집히는 일도 있는데, 이렇게 센 바람이 아니더라도 바람이 자주 불게 되면 그 때문에 흙과 모래가 몰아쳐서 암석을 차차 깎아 파괴하는 '풍식' 작용이 있게 됩니다.

특히 기후가 건조하여 식물이 잘 자라지 않는 곳에서 풍식 작용이 일어나기 쉽습니다. 미국의 서부 와이오밍 주에 있는 라라미 분지 같은 곳은 바람 때문에 흙이 깎여 폭 5킬로미터, 길이 15킬로미터에 걸쳐 깊이 50미터의 구덩이가 생겨 있을 정도입니다. 사막을 여행하다가 오아시스를 발견했다고 하는 이야기를 듣기도 하는데, 이 오아시스도 사실은 오랫동안 바람이 분 것에 의해 모래가 날려가 마침내 지하수가 나타난 것이라고 합니다.

그러면 바람은 왜 부는 것일까요?

여러 가지 원인이 있겠지만, 기압이 높은 곳과 낮은 곳이 생기는 것이 그 큰 원인이 됩니다. 바람은 기압이 높은 곳에서 낮은 곳으로 부는 것입니다. 마치 물이 높은 곳에서 낮은 곳으로 흐르는 것과 같습니다. 그때 장애물이 있으면 '풍압', 즉 물체에 미치는 바람의 압력이라는 바람의 에너지가 나타납니다.

이와 같은 바람의 에너지를 이용하는 방법은 없을까? 불을 사용하기 시작한 인류는 이런 생각도 하였습니다.

여러분은 달력의 그림 같은 데서 색색가지의 튤립 꽃이 만

네덜란드의 풍차

발해 있는 넓은 들판에 풍차가 서 있는 낭만적인 광경을 본 적이 있나요? 바로 네덜란드의 전원 풍경입니다.

풍차는 기원전 2세기에 알렉산드리아의 헤론이라는 사람이 오르간을 울리는 데 사용한 것이 그 시작이라고 합니다. 그 후에 곡식을 탈곡하거나 빻는 데 사용하게 되었는데, 풍차를 본격적으로 활용하게 된 것은 13세기경입니다.

풍차는 수차(물레방아)와 비교해 볼 때 불편한 점도 있습니다. 그중 하나는, 수차는 물이 한 방향으로 흐르기 때문에 고정시킨 상태에서 얼마든지 사용할 수 있는 반면, 풍차는 바람의 방향이 수시로 바뀌기 때문에 그것을 이용하기가 매우 불편했습니다.

따라서 풍향이 바뀌면 그 방향에 맞춰 풍차 전체를 움직이는 방법을 생각해 냈습니다. 16세기 무렵에는 이와 같은 풍차 개량이 많이 일어났습니다.

풍차는 처음에 탈곡이나 곡식을 빻는 데 사용되었으나 나중에는 논밭을 일구는 데 필요한 물을 퍼올리는 일에도 이용하게 되었습니다. 에게 해의 키프로스 섬에서는 지금도 관개용수를 퍼올리는 데 풍차가 쓰이고 있습니다.

또 바다보다 지면이 낮은 네덜란드에서는 지면에 고인 물을 퍼 내는 데에도 풍차를 사용했습니다. 풍차를 가장 많이 사용하는 나라가 네덜란드인데, 옛날에는 약 8천대 가량이나 있었다고 합니다. 그러던 것이 19세기가 되면서 동력원으로서의 가치가 떨어져 버려, 지금은 그저 관광객들의 눈이나 즐겁게 해주는 형편이 되었습니다.

풍차는 바람이 불지 않으면 돌지 않고, 또 바람이 너무 세어도 좋지 않습니다. 풍향도 수시로 바뀌기 때문에 풍차에는 큰 날개가 필요하다는 결점도 있습니다.

그러나 풍차로 전기를 일으키게 되면 화력 발전소와 같은 아황산가스가 생기지 않고, 원자력 발전소와 같은 방사능이나 기타 다른 폐기물도 생기지 않습니다. 그러므로 공해가 없는 발전소라고 할 수 있습니다. 게다가 바람을 쓰는 데는 돈이 들지 않습니다. 다시 말해 연료비가 들지 않는 발전소를 만들 수 있는 것입니다.

실제로 미국에는 캐나다와의 국경에 가까운 버몬트 주에 1941년 10월에 건설한 유명한 풍력 발전소가 있습니다. 이 발전소는 높이 40미터의 탑 위에 풍차를 장치해 놓았는데, 풍차의 날개는 비행기의 프로펠러를 크게 확대시켜 놓은 모양으로 되어 있습니다.

1972년 초, 미국의 매사추세츠 공과 대학의 헤로니어 교수는 풍력 발전소를 더 많이 만들자고 제안했습니다. 텍사스 주에서 노스다코다 주까지의 사이에 높이 300미터의 탑을 마치 숲처럼 세우고, 그 탑마다에 지름이 15미터씩 되는 프로펠러 모양의 풍차를 장치하여 발전기 20대를 만들자는 것이었습니다. 이러한 발전기를 30만대 장치하면 1,890억 킬로와트의 전기를 만들 수 있게 되므로 미국 전체의 에너지 문제가 단번에 해결된다고 주장한 것입니다.

미국에 있는 발전소를 모두 합해도 3,600억 킬로와트밖에 되지 않습니다. 그런데 1,890억 킬로와트를 발전시키는 풍력 발전소를 짓자고 했으니 이 얼마나 굉장한 구상인지를 알 수 있을 것입니다.

어쨌거나, 바람의 힘은 이처럼 이용하려고만 한다면 그 이용도가 무궁무진하지만, 그러나 바람을 일으키는 근본 원인은 역시 태양열입니다. 다시 말해 풍력은 태양 에너지가 모습을 바꾼 것이라고 할 수 있습니다.

고맙고도 무서운 물

물이 우리 인간에게, 아니 살아 있는 모든 생물에게 얼마만큼 중요하고 고마운 것인지는 거듭 강조하지 않아도 잘 알고 있을 것입니다. 물이 없다면 우리는 살아 있을 수 없기에 하는 말입니다. 인공위성을 지구 밖의 다른 별에 쏴 올려, 그 별에 생물이 있는가 없는가를 알아보기 위해서 먼저 물이 있나 없나를 살펴보는 까닭도 거기에 있습니다.

그런데 이 중요하고도 고마운 물도 때로는 우리의 생명을

위협하는 대단히 무섭고 두려운 존재입니다.

여러분은 1959년 9월 17일에 우리나라의 남쪽 해안을 휩쓴 사라호 태풍에 대한 이야기를 들어 보았을 것입니다. 그때 사라호의 최대 풍속은 매초 34.7미터, 보퍼트 풍력 계급 12에 해당하는 싹쓸바람이었습니다. 400여명의 생명과 막대한 재산을 하루 아침에 앗아간 악명 높은 태풍이었습니다. 이 피해의 원인은 해일이었는데, 극심한 바람에 의해 바닷물이 밀려서 그 높아진 물살이 방파제를 넘어 가옥으로 들이닥쳤기 때문이었습니다.

이러한 큰 피해를 내는 일은 그리 흔하지는 않습니다. 그러나 곳곳에 물난리를 일으키는 태풍은 거의 매년이라고 할 만큼 자주 일어납니다. 그때마다 다시 쌓아 올린 둑은 또 무너지고, 땀흘리며 애써 농사지은 농작물은 하루 아침에 망가집니다. 그야말로 자연의 위대한 힘 앞에 인간은 너무나 나약한 존재라는 것을 새삼 느끼게 합니다.

수해는 태풍으로만 일어나는 것도 아닙니다. 여러분도 일기예보 뉴스를 들어서 알고 있겠지만, '집중 호우'에 의해서도 수해가 일어납니다. 강우량은 그리 대단하지 않지만 좁은 지역에 집중적으로 내리면 산사태가 생기는 등 큰 피해를 일으키게 됩니다. 물의 힘이란 이처럼 대단한 것입니다.

유유히 흐르는 물도 커다란 에너지를 갖고 있습니다. 오랜 세월을 흐르면서 강줄기를 바꾸는 일도 있고, 높은 곳에서 폭포를 이루며 떨어져 내리는 물은 그 아래의 바위를 깎아 내기도 합니다.

물은 높은 곳에 있을수록 많은 에너지를 갖게 되는데, 이 물의 에너지를 이용한 것이 바로 수력 발전입니다. 물의 에너지로 수차를 돌리면, 그것이 전기 에너지로 바뀌는 것입니다.

반대로 전기 모터로 펌프를 돌려 물을 높은 곳으로 퍼올리면 전기 에너지가 물 속에 저장됩니다. 이 물을 흘려서 발전시키면 물이 지니고 있던 에너지가 다시 전기로 바뀝니다. 이것을 실제에 응용한 것이 '양수 발전'이라고 하는 것입니다.

그러면 물이 지닌 에너지는 도대체 얼마나 될까요?

가령 100미터 높이에 10㎤의 물이 있어, 이것이 흐르는 힘이 모두 전기로 변한다면 4킬로와트의 전기를 일으키게 됩니다. 그러나 실제로는 물 에너지가 모두 전기 에너지로 변하는 것은 아닙니다. 또 양수 발전의 경우 전기를 사용하여 물을 퍼올려도, 그 물로 발전할 때는 퍼올릴 때 사용한 전기보다 적은 전기밖에 나오지 않습니다.

그런데도 이러한 낭비를 하며 양수 발전을 하는 까닭은 워낙에 전기 소모가 많기 때문입니다. 특히 한여름 같은 때에는 샤워도 하고 또 프로 야구 중계라도 있게 되면 집집마다 텔레비전을 켜게 되므로 평소보다 훨씬 많은 전기를 쓰게 됩니다. 그러므로 평소의 발전과 함께 양수 발전으로 전기를 많이 사용하지 않는 한밤중에 물을 퍼올려 놓는 것입니다.

반면에 원자력은 밤 사이에도 많은 전기를 일으킬 수 있습니다. 따라서 원자력 발전소 가까이에 양수 발전소를 만들어, 밤에는 남은 전기로 물을 퍼올려 놓았다가 전기를 많이 쓰는 낮 동안에 이 물로 발전하는 것을 생각해 볼 수 있습니다. 이 경우에는 바닷물을 퍼올려 놓아도 상관이 없습니다.

옛날에는 물의 힘을 수차를 돌려 방아를 찧는 정도밖에는 사용하지 않았는데, 이 수차 역시 풍차와 마찬가지로 중요한 동력원이었습니다. 수차를 가장 많이 사용했던 시기는 16~19세기 사이였습니다.

소양강
수력 발전소

고리
원자력 발전소

수차는 증기 기관이 발명된 후에도 매우 오랫동안 사용됐습니다. 증기 기관은 기계를 움직이기도 했지만, 그보다도 수차를 움직이기 위한 물을 퍼올리는 데 더 많이 사용했기 때문입니다.

그리고 증기 기관이 널리 활용되면서부터는 수차의 역할이 적어졌지만, 기계 에너지를 전기 에너지로 바꾸는 것이 발명된 후로는 발전을 하기 위해 다시 수차를 이용하게 되었습니다. 19세기 끝 무렵의 일입니다.

지금 우리나라는 수력에 의한 발전보다 화력에 의한 발전이 많습니다. 그리고 그 화력 발전도 전에는 석탄을 땠었으나 지금은 중유를 이용하고 있습니다.

최근에는 경남 양산군의 고리 원자력 발전소를 위시하여 몇 개의 원자력 발전소를 더 건설하기 위해 노력을 기울이고 있습니다.

바닷물의 이용

수력, 화력, 원자력 외에도 바다의 밀물、썰물을 이용하여 발전을 할 수 있습니다.

이것은 바닷가에 저수지를 만들어 밀물일 때 바닷물을 가둬 놓았다가 썰물일 때 이물을 흘려 발전시키는 것입니다. 또는 밀물일 때 저수지에 밀려들어오는 힘을 이용하는 발전 방식도 있습니다.

둘 중 어느 것이 되었거나 이 방식은 계속하여 발전되지 않기 때문에 반드시 다른 화력 발전소와 짝지어서 운전해야 합니다. 그렇지 않으면 정전되는 일이 자주 일어나게 됩니다.

이 바닷물을 이용하는 조력 발전소가 실제로 만들어진 것은 1967년에 운전을 시작한 프랑스의 랭스 발전소입니다. 브

세계 최초의 조력 발전소인
프랑스의 랭스 발전소

르타뉴 지방의 산마로만에 건설된 이 랭스 발전소는 영불 해협과 닿아 있는 랭스 강 하구에 높이 25미터, 길이 750미터의 댐을 만들고 24대의 발전기를 설치했습니다. 그리하여 1년 동안에 5억 킬로와트 라고 하는 많은 발전을 하고 있습니다.

우리나라 서해안은 밀물과 썰물의 차이가 심하기로 세계적으로 유명한데, 그 중 충남 아산만 근처는 조수의 차가 평균 8

미터나 되어 조력 발전소를 건설하기에 안성맞춤인 곳이라고 합니다. 따라서 정부에서는 조력 발전을 개발하는 일에 박차를 가하고 있는데, 이것이 이루어진다면 현재의 전기 에너지 부족을 많이 보충할 수 있게 될 것입니다.

이 외에도 바닷물의 에너지를 이용하는 것에 온도차 발전이라는 것이 있습니다.

바다 표면의 물은 태양에 의해 따뜻해져 있으나 바다 밑의 물은 차기 때문에 이 온도 차이에 의해 발전하는 것입니다.

그러면 어떤 구조로 발전이 되는 것일까요? 여러분은 높은 산에 등산했을 때 산꼭대기에서 밥을 짓게 되면 설익는 경우가 많다는 것을 잘 알고 있을 것입니다. 산꼭대기는 공기가 희박하여 기압이 낮기 때문에 밥솥 안의 물이 온도가 낮은 상태에서 끓게 되므로 밥이 잘 익지 않습니다.

이러한 현상을 지상에서도 인공적으로 꾸밀 수 있습니다. 진공 펌프를 사용하여 그릇 안에 있는 공기를 차츰 빼내면, 그 속의 물은 섭씨 100도 이하에서도 끓기 시작합니다. 점점 더 공기를 빼 내면 마침내 섭씨 30도 정도에서도 물이 끓게 됩니다.

남쪽 바다의 표면 수온은 섭씨 26~30도 정도인데, 이 해면의 물을 아주 낮은 기압의 그릇 속에 넣으면 바닷물이 끓어서 수증기가 됩니다. 이 수증기로 터빈을 돌려서 발전하는 것입

조력발전에 이용되는 썰물 · 밀물

니다.

그런데 터빈을 돌린 뒤의 수증기는 바로 차갑게 식히지 않으면 안 됩니다. 이처럼 급격히 식히는 일을 냉각이라고 하는데, 터빈에서 나온 수증기를 냉각시키면 수증기는 다시 물이 됩니다. 따라서 다시 새로운 수증기가 발생하고 그것이 또 터빈을 돌리는 식으로 하여 발전이 계속되는 것입니다.

이 수증기를 식히는 것으로 바다 깊은 곳의 물을 이용합니다. 바다 표면의 수온이 섭씨 30도 정도가 된다 해도 600미터 정도 깊이의 물의 온도는 섭씨 5도 정도밖에 되지 않기 때문에 이 물을 펌프로 퍼올려 사용합니다. 표면 수온과 섭씨 20도 정도 차이가 나면 충분히 발전할 수 있는 것입니다.

이웃 나라 일본의 가모가와라는 사람은 이 온도차를 이용하는 발전에 대해 좀 다른 생각을 했습니다. 바닷물을 낮은 온도에서 끓여 수증기를 만들어 사용하는 것이 아니라, 바다 표면의 따뜻한 물로 암모니아 같은 비등점(액체가 끓기 시작하는 온도)이 낮은 액체를 데웁니다. 데워진 암모니아는 쉽게 가스로 변하므로 이것으로 터빈을 돌리고, 사용한 가스는 바다 깊은 곳에서 퍼올린 찬 바닷물로 식혀 본래의 암모니아로 되돌린다는 식이었습니다.

그 사람의 계산에 의하면, 지름이 10미터나 되는 커다란 파

■온도차 발전소

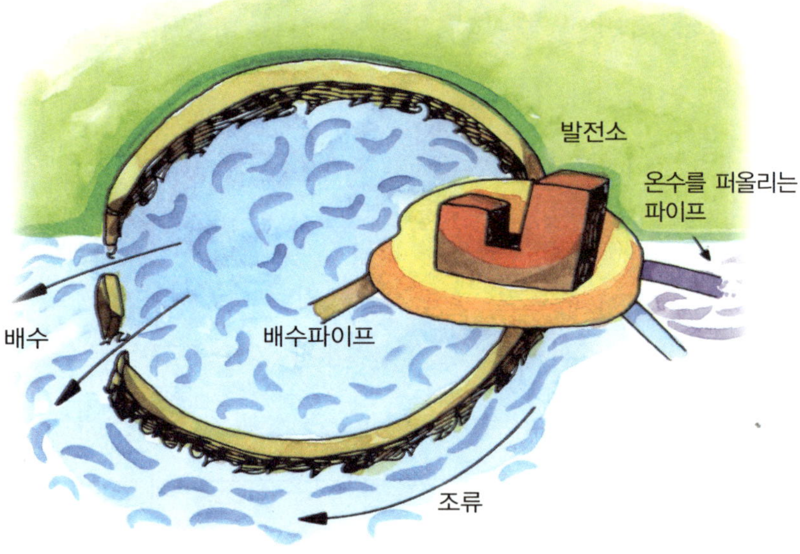

온수와 냉수를 퍼올려 발전하고 사용한 물은 환초에 버린다. 조류관계로 배수는 밖으로 운반되어 계속해서 발전한다.

이프로 따뜻한 물과 찬물을 1초 동안에 각각 140톤씩 퍼올리면 약 4만 킬로와트의 전력이 발전된다고 합니다. 바닷물을 퍼올리는 펌프가 사용하는 전기는 4천 킬로와트밖에 되지 않기 때문에 나머지 3만 6천 킬로와트는 송전된다는 것입니다.

그러나 이러한 발전도 함께 해결하지 않으면 안 될 것이 있습니다. 찬물을 많이 퍼올리면 바닷속의 환경이 뒤바뀌게 되고 생태계가 파괴되어 물고기들이 죽을 염려가 있기 때문입니다.

앞에서 살펴본 바와 같이 바다에는 이처럼 많은 돈을 들이지 않고도 얻을 수 있는 에너지가 무한히 많습니다. 그런데 이것을 실용적이면서도 합리적으로 이용하기 위해서는 아직도 많은 연구가 필요합니다. 혹시 여러분 중에 이것에 대한 연구를 할 사람은 없는지요.

지열의 이용

어느 날 갑자기 산의 어느 한 부분이 많은 양의 폭탄을 한꺼번에 터뜨린 것처럼 어마어마한 소리를 내며 폭발하면서, 바윗덩이가 녹아 뜨거운 액체로 우리가 사는 마을로 쏟아져 내려온다면 여러분은 어떡하겠습니까?

이것이 말로만 듣던 화산 폭발인데, 여러분에게는 아마도 잘 이해가 되지 않을 것입니다. 왜냐하면 실제로 경험 해 본 적이 없는 일이기 때문이지요.

그러나 우리나라에도 사실은 화산 폭발이 있던 때가 있었습니다. 지금은 갈 수 없는 백두산의 천지도 실은 화산이 폭발한 분화구에 물이 고인 것이라고 합니다. 또 제주도에 있는 한라산도 옛날에는 불을 뿜었었는데 지금은 그 활동을 쉬고 있는 휴화산이라고 합니다.

미국의 세인트 헬렌즈 화산

1974년 1월 30일, 아이슬란드에 있는 헬가펠 화산이 대폭발을 일으켰습니다. 이 화산은 그때까지 1000년이 넘도록 분화하지 않았었기 때문에 이미 죽어버린 사화산이라고 생각했었는데 갑자기 분화했으므로 사람들이 깜짝 놀란 것도 무리가 아니었습니다. 하기야 지구가 생긴 것은 약 45억 년 전이라고 하니까 이것에 비하면 1000년 정도는 별문제도 되지 않는 짧은 시일이라고 할 수 있을테지요.

예를 들어 지구의 일생을 100억 년이라고 가정해 본다면, 지구의 1천 년은 인간이 100살 때까지 산다고 해도 단 5분 정도밖에 되지 않는 것입니다. 5분 동안 잠자코 있던 아이가 느닷없이 울음을 터뜨렸다고 해서 이상할 것은 조금도 없을 것입니다.

지구에서 화산이 있는 곳은 일정하게 정해져 있습니다. 이러한 곳을 화산 지대라고 하는데, 세계적으로 강력한 화산이 모여 있는 화산 지대는 두 군데입니다. 그 하나는 환태평양 화산 지대이고, 또 하나는 지중해 화산 지대입니다.

환태평양 화산 지대는 그 이름처럼 태평양을 둘러싼 모양으로 되어 있으며, 알류산 열도, 아메리카 대륙의 태평양 쪽, 뉴질랜드, 필리핀, 일본 열도 등이 주요 화산 지대입니다. 때문에 이곳들에서는 화산 폭발이 자주 일어납니다.

화산 폭발은 어째서 일어나는 것일까요?

화산의 바탕이 되는 것은 '마그마'라는 물질입니다. 마그마란 땅속 깊은 곳에서 섭씨 1000도라고 하는 높은 열에 암석이 녹아 액체로 되어 있는 고온 물질입니다.

지구 중심에는 '핵'이라는 곳이 있는데, 이 핵은 액체로 되어 있다고 합니다. 반숙한 달걀에 비교하자면 노른자 부분에

■화산의 단면

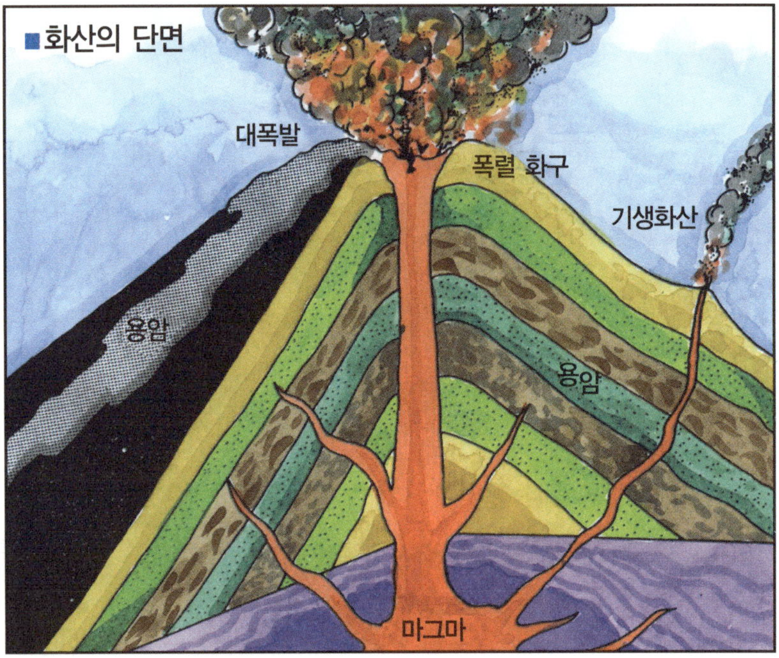

■지구의 내부 구조

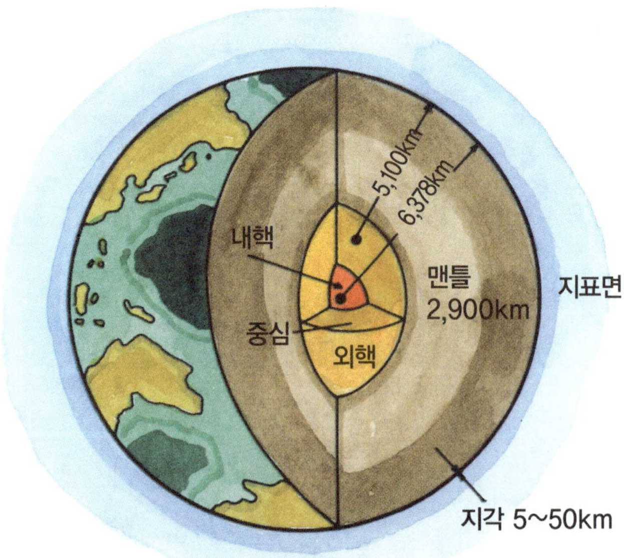

해당하는 곳이지요. 이 핵은 반지름이 3500킬로미터 정도라고 하는데, 지구의 반지름이 64000킬로미터이므로 지구의 중심에서 표면까지의 중간보다 좀 넘는 부분까지가 핵인 셈입니다.

또 지구의 표면을 '지각'이라고 하는데 역시 반숙한 달걀에 비교하자면 껍질에 해당하는 부분입니다. 지각은 대륙 부분이 두꺼우며, 대개 지표로부터 10~60킬로미터의 누께입니다.

그리고 핵과 지각 사이에 있는 부분은 '맨틀'이라는 부분으로서, 깊이는 대략 30~ 2900킬로미터까지입니다. 역시 반숙한 달걀에 비교하자면 흰자에 해당하지요.

지각이나 맨틀은 고체이지만, 무엇 때문인지는 아직 밝혀지지 않았으나 그 속에 특히 압력이 높은 곳이 생기거나 하면 맨틀을 이루는 물질이 열에 의해 액체로 녹습니다. 바로 이것을 마그마라고 하는 것입니다.

마그마는 바위가 갈라진 틈새 같은 곳을 통하여 지각 쪽으로 나와 땅속에 괴게 되는데, 이것이 화산의 근원이 되는 것입니다. 옛날 사람들은 땅속에 메기라는 물고기가 살면 지진이 일어난다고 믿었던 일도 있었지만, 이것은 터무니없는 상상에 지나지 않습니다.

땅속에 마그마가 고여 있게 되면, 그 열로 지하수가 데워집니다. 어떤 때는 섭씨 300도라고 하는 물도 있게 됩니다. 이

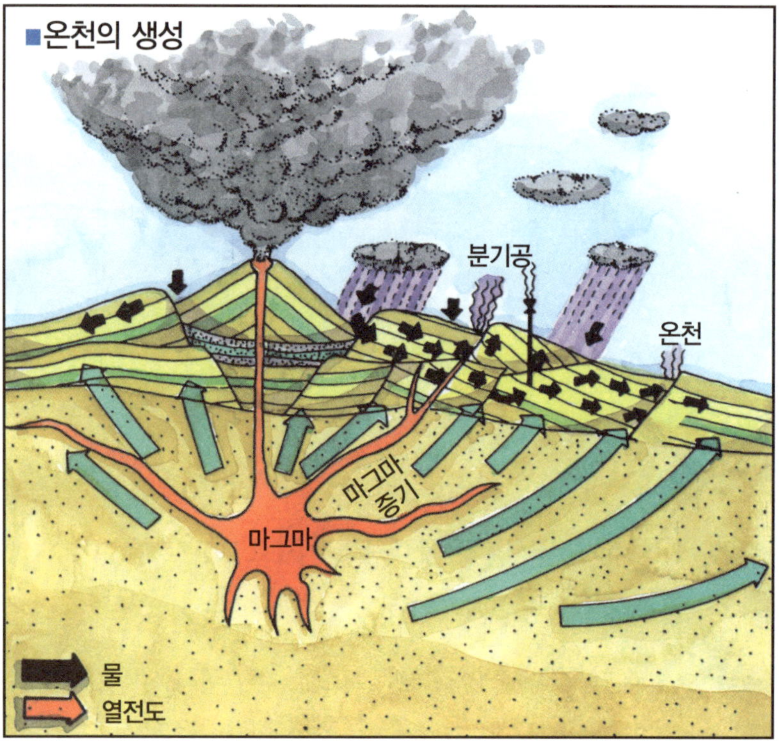

것이 저절로 지면으로 뿜어져 나오거나 우물을 파서 퍼올린 것이 온천입니다.

온천물은 대부분 지표로 나오는 동안에 식거나 다른 지하수가 섞여들어 식어서 보통 목욕탕물 온도로 되지만, 1000 ~ 1500미터가 되는 깊이를 파 내려가면 더욱 뜨거운 물이나 증기를 끄집어 낼 수 있습니다.

그래서 이 증기로 발전을 할 수 있지 않을까 생각한 것이 지열 발전의 시작입니다. 지열 발전을 하게 되면 땅속에 엄청나게 많이 매장되어 있는 열을 에너지로 쓸 수 있습니다.

온천물에는 여러 가지 물질이 녹아 있는데, 어떤 물질이 많이 녹아 있는가에 따라 유황천, 철천, 탄산천, 식염천…… 하고 부르기도 합니다. 가령 유황이 많이 녹아 있으면 유황천이고, 철이 많이 녹아 있으면 철천이라고 하는 것이지요.

그리고 이 물질에 의해 온천의 효능이 정해집니다. 여러분은 어느 온천이 류머티즘에 좋더라, 어느 온천은 피부병에 좋더라 하는 이야기를 자주 들었을 것입니다. 이것을 두고 온천의 효능이라고 하는 것이지요.

온천을 목욕물로 사용한 것은 아주 오래 전부터입니다. 그러나 지열로서 발전을 하게 된 것은 극히 최근의 일입니다. 지열 발전 현실화에 맨 먼저 나섰던 이탈리아도 최초의 지열 발전에 성공한 것은 지금으로부터 불과 100여 년 전이었을 뿐이니까요.

이탈리아에는 라르테레로라는 화산 지대가 있는데, 1894년에 페르디난도 레오노라는 사람이 이곳 땅속에서 나오는 증기로 9마력의 피스톤을 움직이는 데 성공한 것이 지열 발전의 계기가 되었습니다. 그 이후 1913년에 처음으로 250킬로와트를 발전했습니다. 그러나 지금은 무려 36만 5천 킬로와트를 발전하고 있습니다.

뉴질랜드의
지열발전소

여러분은 화력 발전이 어떻게 일어나고 있는가를 알고 있을 것입니다. 전에는 석탄을 땠고 지금은 중유를 때는 일이 많은데, 두 가지 다 연료를 태워서 물을 끓여 고온 고압의 수증기를 만듭니다. 이 수증기를 만드는 장치를 '보일러'라고 합니다.

그렇다면 지열 발전은 어떤 방법으로 발전하는 것일까요?

이것은 간단합니다. 우물을 깊이 파 내려가면 마침내 높은 온도의 수증기가 뿜어져 나오므로, 이 증기로 터빈 발전기를 돌리면 되는 것입니다. 보일러도 필요가 없습니다. 왜냐하면 보일러가 땅속에 천연 그대로 있기 때문입니다. 천연 보일러

■지열 발전의 원리

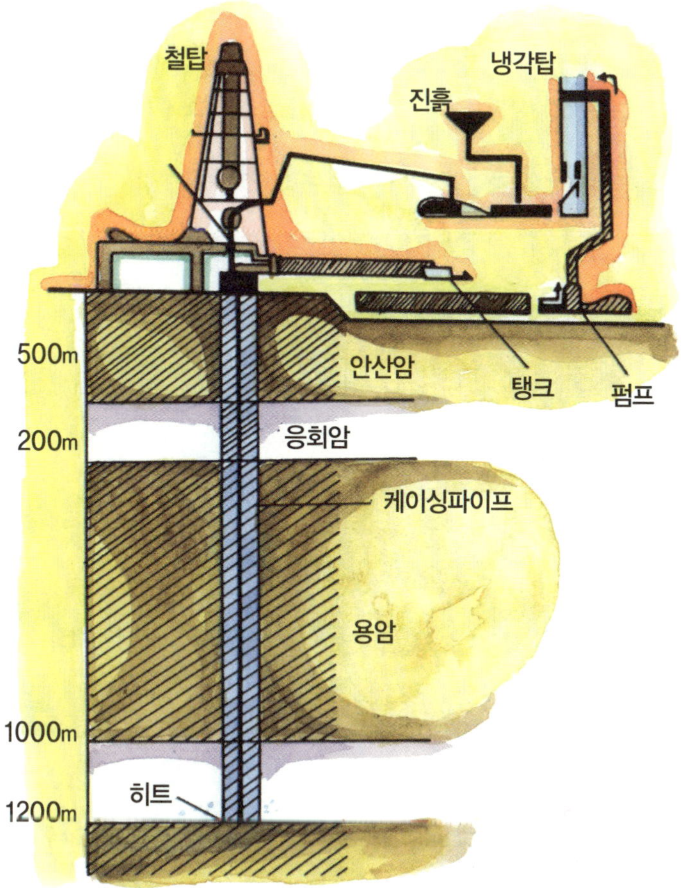

지열을 끄집어 내기 위해서 우물을 파는 데는 높이 40m 정도의 철탑을 세우고 그 밑에 바위를 깎는 굴삭관을 달아 놓습니다. 굴삭관 끝에는 회전하는 '히트'가 있어서 이것이 바위를 깎아 냅니다.

굴삭관은 이중으로 되어 있어서 펌프로 안쪽에다 물을 넣게 되어 바위와의 마찰로 뜨거워져 있는 히트를 식히고, 동시에 깎인 바위 찌꺼기를 녹여 바깥쪽 관을 지나 지상으로 올라옵니다. 이 흙탕물에서 진흙을 제거하고, 물을 냉각탑에서 식힌 다음 펌프로 굴삭관에 보내는 일을 반복합니다.

로 발전시키는 것이라고 말할 수 있겠지요.

지열 발전은 뉴질랜드와 미국에서 지금 한창 일으키고 있으며, 이탈리아에서는 라르테레로 외에 몬테아미아타라는 곳에 2만 5 킬로와트의 발전소를 가지고 있습니다.

뉴질랜드는 제2차 세계 대전 후에 정부에서 많은 돈을 투자하여 지열을 조사하고, 1958년 와이러케이라는 곳에 7만 킬로와트의 전력을 생산해 내는 대발전소를 만드는 데 성공했습니다. 이 나라는 전기를 그리 많이 쓰지 않기 때문에 이 지열 발전소만으로 전국에 필요한 전기의 3분의 2 이상을 충족시키고 있습니다.

미국에는 가이더라고 하는 곳에 지열 발전소를 건설했는데, 1973년 말에는 40만 킬로와트를 발전하여 그야말로 세계 제일의 실력을 뽐내고 있습니다.

이 외에도 지열 발전소에 대한 연구를 하는 나라가 많습니다. 아이슬란드, 필리핀, 소련, 멕시코, 칠레 등에서도 개발이 진행되고 있습니다.

땅속의 열을 이용하여 발전하는 것 외에 민물을 만들어 관개용수로 사용하려는 야심만만한 계획이 미국에서 시작되고 있습니다.

지구내부의 구조

지구 반대편까지 파서 미국으로 가려는 거야
민호야! 흙을 100m씩 팔 때마다 3도씩 온도가 높아진단다.
세계에서 가장 깊이 판 굴은 석유를 파내기 위해서 만든
6km굴이고, 남아메리카에 있는 광산도 3km까지 판 곳이 있단다.
③
암석 약 35km
맨틀 약 2900km
핵
약 3400km
지구 표면을 감싸고 있는 암석(지각)은 지구 전체에서 보면 껍데기 같은 것이지만, 이것도 35km나 됩니다.
미국에서는 이 지각만이라도 꿰뚫어보려고 했지만 잘 되지 않았어요.
지구 안은 온도가 높고 압력도 세기 때문에 사람은 도저히 살 수 없어
역시 비행기를 타고 가야 돼.
⑤
근데 2400원 밖에 없는데....
⑥
네 그러죠.
미국에 가는 것은 어른이 된 뒤에 돈을 모아서 가렴

화산의 분화

물이수증기가 되어서 팽창하기 때문이지.
어, 뚜껑을 덮었는데 자꾸 열리네요.
이런 일은 지구 안에서도
일어나고 있단다. 자, 화산이 분화하는 곳에 가보자.
두두두두
굉장히 큰 화산이다!
화산 폭발이구나.
작은 돌 같은 화산 찌꺼기나 암석이 깨진 화산탄, 거기에 수증기나 탄산가스도 포함된 것이 화산재이지.
마그마
지하에는 끈적끈적하고 뜨거운 마그마라는 것이 있고, 그 안에는 수분이나 가스로 변화하는 물질이 포함되어 있어요. 이 마그마는 위의 그림처럼 지각이 약한 곳을 향해 밀고 나옵니다. 이것이 지상으로 뿜어나오면 화산이 되는 것이지요.
마그마에서 나온 수증기와 가스가 점점 위쪽으로 쌓여오면...... 그 압력으로 암석 뚜껑을 밀어 뚫어 버리는 것이지.
냄비 뚜껑이 밀려 올라오는 것과 같은 이치란다.
콰

●지구속은 어떻게 되어 있을까●

에너지의 세계

석탄과 석유

석탄이 만들어진 과정

석탄을 '검은 다이아몬드'라고 부르는 일이 있습니다. 한 예로 증기 기관차가 번창했을 때를 생각해 보지요.

기차는 모두 석탄으로 움직였고, 전기는 수력 발전이 중심이었지만, 화력 발전이라고 하면 으레 석탄을 태워서 발전하는 것이었습니다. 따라서 석탄은 매우 귀중한 것이었습니다.

다이아몬드라고 비유한 것은 그만큼 귀중하다는 뜻이었습니다.

석탄은 아주 오랜 옛날 번성했던 석송이나 고사리류 따위의 양치식물이 땅속에 파묻혀서 된 것입니다. 당시 지구에는 이산화탄소와 수증기가 많이 있어서 식물이 잘 자랐습니다.

그러나 식물을 그처럼 잘 자라게 한 근본 원인은 물론 태양에너지였습니다. 그러므로 석탄은 태양의 에너지가 화석이 된 것이라고 말해도 좋을 것입니다.

지면을 덮고 있던 식물이 넘어지거나 꺾여지거나 하여 차츰 쌓인 다음 진흙 속에 파묻히거나 물에 잠겨 있는 동안 썩기 시작했습니다. 말라 죽은 식물에 미생물이 달라붙어 분해되기 시작한 것입니다. 이렇게 해서 아직 탄화 작용이 충분히 안 된 '이탄' 이라는 것이 생겼습니다.

이 이탄이 거듭 묻혀 가는 동안에 지하의 열이나 압력에 의해 다시 분해되고, 한편 가스는 빠져나가 마침내 탄소 성분이 많은 것이 되었습니다. 이것이 곧 석탄인 것입니다.

땅속의 석탄이 묻혀 있는 곳을 탄층이라고 하는데, 탄층은 그 옛날 식물이 번성했던 곳에도 있고, 또 그로부터 떨어진 곳에도 있습니다.

번성했던 곳에 생긴 것은 탄층이 널리 퍼져 있고, 그 밑의 바위에는 식물의 뿌리였던 것 같은 흔적이 남아 있는 것으로 알 수 있습니다.

또 자라고 있던 곳에서부터 떨어진 곳에 있는 것은 넘어진 식물이 물에 떠내려가 다른 장소에 쌓여서 된 것입니다. 이 경우에는 탄층이 두터울 것이라고 생각하고 파 내려갔더니 곧 바닥이 드러날 정도로 얇았습니다.

석탄에는 여러 가지 종류가 있는데, 오래된 것일수록 탄소를 많이 포함하고 있습니다. 오래된 차례는 무연탄이 가장 오래되었고, 그 다음이 역청탄, 갈탄, 아탄, 이탄의 순서입니다. 보통 석탄이라고 하면 무연탄, 역청탄, 갈탄을 말합니다.

석탄이 만들어진 시대는 얼마나 오래 전일까요?

여러분은 지층이란 것을 알고 있을 것입니다. 지층은 여러 시대에 걸쳐 암석 따위가 쌓여서 이루어진 것인데, 산의 절벽 같은 곳에서 흔히 볼 수 있습니다. 지층은 아래쪽에 있는 것일수록 오래된 것입니다.

지구의 전체적인 나이로 볼 때 지금으로부터 6억 년 전부터 시작하여 2억 2천만 년 전까지에 걸친 고생대라는 시대가 있습니다. 이 고생대를 다시 몇 개의 시대로 작게 나누는데, 고생대의 맨 마지막 시대가 '이첩기' 이고, 바로 그 앞 시대가 '석탄기' 입니다.

석탄기의 지층에서는 석탄이 많이 나옵니다. 당시 육지는 삼림에 덮여 있었는데, 지구 자체의 어떤 활동으로 말미암아 이것들이 석탄층을 이루게 된 것입니다.

고생대 다음은 지금으로부터 7천만 년 전까지 계속되었던 중생대입니다. 중생대를 오래된 것부터 나열한다면 삼첩기, 쥐라기, 백악기이며 삼첩기와 쥐라기의 지층에서도 석탄이 나옵니다.

중생대 다음이 지금으로부터 7천만 년 전부터 시작하여 지금까지 계속되고 있는 신생대입니다. 신생대는 다시 제3기와 제4기로 나누어지는데, 이 중 제3기의 지층에서도 석탄이 발견되고 있습니다.

어찌 되었든 석탄을 사용하고서부터 근대 문명이 시작되었다고 할 수 있습니다. 인간의 생활을 급속도로 발전시키게 된 증기 기관도 석탄이 지니고 있는 에너지를 기계의 힘으로 바꾼 것이었으니까요. 그 이후에 석탄으로 만든 코크스를 이용함에 따라 철과 강철이 많이 생산되고, 그것으로 여러 가지 기계가 만들어진 것입니다.

코크스를 만들 때 나오는 가스는 등불에 사용되었고, 콜타르는 여러 가지 약을 만드는 원료가 되어 마침내 석탄 화학 공업이 번창했습니다.

이에 따라서 에너지로서 사용하는 석탄량은 매년 늘어났지만, 반면에 석탄을 파 내는 양은 점차 줄어들었습니다. 그리하여 세계가 필요로 하는 총 에너지 중에서 석탄이 해내는 역할은 전보다 많이 줄게 되었습니다.

그러나 현재 미국에서는 석탄을 다시 활용하려는 움직임이 적극적으로 일어나고 있습니다. 미국은 세계 인구의 6퍼센트밖에 되지 않는 인구를 갖고 있으면서도 에너지 사용량은 세계 에너지의 3분의 1을 쓰고 있습니다. 그러므로 현대의 주요 에너지인 석유가 부족해지자 다시금 석탄을 이용하려는 것입니다.

미국에서는 현재 연간 5억 톤의 석탄을 파 내고 있습니다. 그런데도 아직 부족하다고 합니다.

불타는 우물

아무런 장치도 하지 않았는데 땅속에서 갑자기 불길이 치솟는다면 여러분은 어떤 생각을 하게 될까요?

그저 일어날 수 있는 일이려니 하고 멀뚱멀뚱 쳐다만 보게 될까요, 아니면 깜짝 놀라 사람들을 부르거나 하는 소란을 피우게 될까요?

땅속에서 불길이 치솟아 계속해 타오르는 것을 본 옛날 사람들도 무척이나 놀랐을 것입니다. 두려움과 아울러 자연의 신비에 온몸을 떨었을 것입니다. 이것은 화산 폭발과는 다른 성질의 불길로서, 바람이라도 불라치면 마치 살아 있기라도 한 것처럼 불기둥이 흔들흔들 움직였으리라 생각됩니다.

'필경 신의조화임에 틀림없어. 신이 불의 모습으로 그 신통력을 나타낸 것이야.'

이렇게 생각한 사람들도 있었을 것입니다. 그래서 '배화교'와 같은 불을 숭배하는 종교가 생겨난 것입니다.

이 불길의 정체는 다름 아닌 땅속에서부터 뿜어져 나오는 천연 가스입니다. 그것이 어떠한 원인에 의해 불이 붙어 오랫동안 타고 있는 것입니다.

17세기에 랑카샤라는 곳에서 불 타는 우물이 발견되었다는 기록이 있습니다. 오늘날 우리가 생각해 볼 때, 이것은 곧 탄전 가스가 아니었을까 생각됩니다. 탄전은 석탄이 묻혀 있는 곳이며, 그곳에는 가스도 함께 묻혀 있습니다. 석탄이 이루어지는 과정에서 생겨난 가스이지요.

석유는 지면에까지 번져 나오는 것도 있으므로 그것이 발견된 것은 몇 천 년 전의 옛날 일입니다. 그러나 석유를 채굴

하여 에너지로서 사용하게 된 것은 그리 오래된 일이 아닙니다.

석유는 지금으로부터 5천 년 전, 메소포타미아와 페르시아에서 발견 되었습니다. 그러나 그때는 석유의 이용 방법을 몰라 물체가 썩지 않게 하는 방부제용으로 미라에 바르는 것이 고작이었습니다.

석유가 등불용으로 널리 쓰이게 된 것은 19세기 중엽부터입니다. 그때까지는 주로 고래나 상어의 기름, 또는 식물의 기름이 등불용으로 이용되어 왔는데, 그 후 갈탄 등에서 광유(광물질의 기름)가 나오게 되면서부터 이것이 쓰이게 되었습니다.

그러던 중, 1847년 스코틀랜드의 수도 에딘버러 시 근교의 탄갱에서 새까맣고 걸쭉한 이상한 액체가 솟아올랐습니다. 제임스 영은 이 액체가 석유라는 것을 알아냈습니다. 그리고 그것을 증류하여 액체 속의 여러 가지 성분을 분리하고, 황산으로 세척하여 맑게 하는 방법을 연구하였습니다.

석유는 새까맣고 걸쭉한 기름으로서 가솔린, 경유, 중유, 피치 등이 함께 섞여 있는데, 석유 속에서 처음으로 등유를 걸러 낸 사람은 미국의 화학자 게스너입니다. 1854년의 일이지요.

그 무렵 킬러라는 약제사는 아메리칸 인디언이 석유를 약으로 쓰는 것을 보고 '만병 통치약'이라고 하여 사람들에게 팔기 시작했습니다. 이것은 불티나게 팔려 석유라는 것이 일반에게 널리 알려지게 되었습니다.

그러자 곳곳에 석유 회사가 생겨났습니다. 그리고 약으로 쓰는 외에 무슨 다른 이용 방법이 없을까를 여러 모로 연구하기 시작했습니다. 그 결과 석유로 간단하게 여러 가지 가치 있는 제품을 만들 수 있다는 것을 알게 되었습니다.

이렇게 되어 석유업이 갑자기 활발해지게 되었으나 지하

우리나라 제7광구의
석유 탐사

깊은 곳에서 나오는 석유를 길어 올리는 것은 그다지 쉬운 일이 아니었습니다.

미국의 펜실베이니아 주 타이터스빌이라는 작은 마을은 강에서 석유가 나오고 있었습니다. 이 마을의 비셀이라는 사람은 이 석유를 길어 올려 보려고 생각했습니다. 그래서 드레이크와 스미스라는 사람을 일꾼으로 써서 파기 시작했습니다.

이 일꾼들은 우물파기가 전문이었는데, 처음에는 물만 퍼올렸으나 마침내 1859년에 '로프 굴착법' 이란 것을 고안하여 석유를 퍼올리게 되었습니다.

로프 굴착법이란 것은 쇠밧줄 끝에 드릴(송곳이 달린 도구)을 장치하고, 이것을 소형의 엔진으로 힘껏 오르내리게 하면서 땅속에 구멍을 뚫으며 파 내려가는 방법입니다. 또 드릴이 땅속에 곧바로 구멍을 뚫게 하기 위해 구멍에 철관을 박고 그 속을 드릴이 내려가도록 하는 방법도 고안되었습니다.

이러한 방법으로 드레이크는 15미터도 넘게 지하로 파 내려가서 바위를 만나고, 거기서 또 20미터 이상이나 바위를 뚫고 내려가 간신히 석유를 파 냈습니다.

이 우물을 '유정' 이라고 하는데, 유정에 따라서는 석유 스스로가 힘 있게 솟아오르는 곳도 있습니다. 이렇게 석유 스스로 솟아오르는 것을 '자분' 이라고 합니다. 이 자분은 석유와 함께 묻혀 있는 메탄 같은 천연 가스가 높은 압력으로 억눌려 있다가 그 힘에 의해 지상으로까지 석유를 뿜어 올리는 것입니다.

그러나 자분하는 유정은 그리 많지 않으며, 자분한다고 해도 얼마 후에 가스의 압력이 없어지면 분출이 멎게 됩니다. 그 때문에 나중에는 펌프로 석유를 퍼올리거나, 석유가 나오지 않게 된 유정을 화약으로 폭발시켜서 그 힘으로 석유를 나오게 하거나, 또는 압착 공기를 넣어서 석유를 끌어 올리는 방법이 발명되었습니다.

이렇게 하여 석유 산업이 시작되었는데, 당시는 아직 석유 화학 공업이란 것이 없었으므로 석유는 등불을 켜는 정도로만 사용되었습니다. 그러다가 에디슨이 전등을 발명하게 되어 그 사용이 줄어들었다가, 그 이후 20세기가 되어 가솔린을 원료로 하는 엔진이 발명되자 석유의 새로운 용도가 갑자기 늘게 되었습니다.

석유는 어떻게 만들어진 것일까요?

여러 학자들이 각자 자기 나름대로 설명은 하고 있으나 그 생성 과정은 아직 확실치 않습니다. 그러나 먼 옛날에 살던 생물이 바탕이 된 것만은 틀림없는 사실입니다. 그 중에서도 바닷속에 살고 있던 플랑크톤이 가장 신빙성이 있습니다.

■석유에서 얻어지는 것

석유로부터 많은 제품이 만들어지고 있습니다.

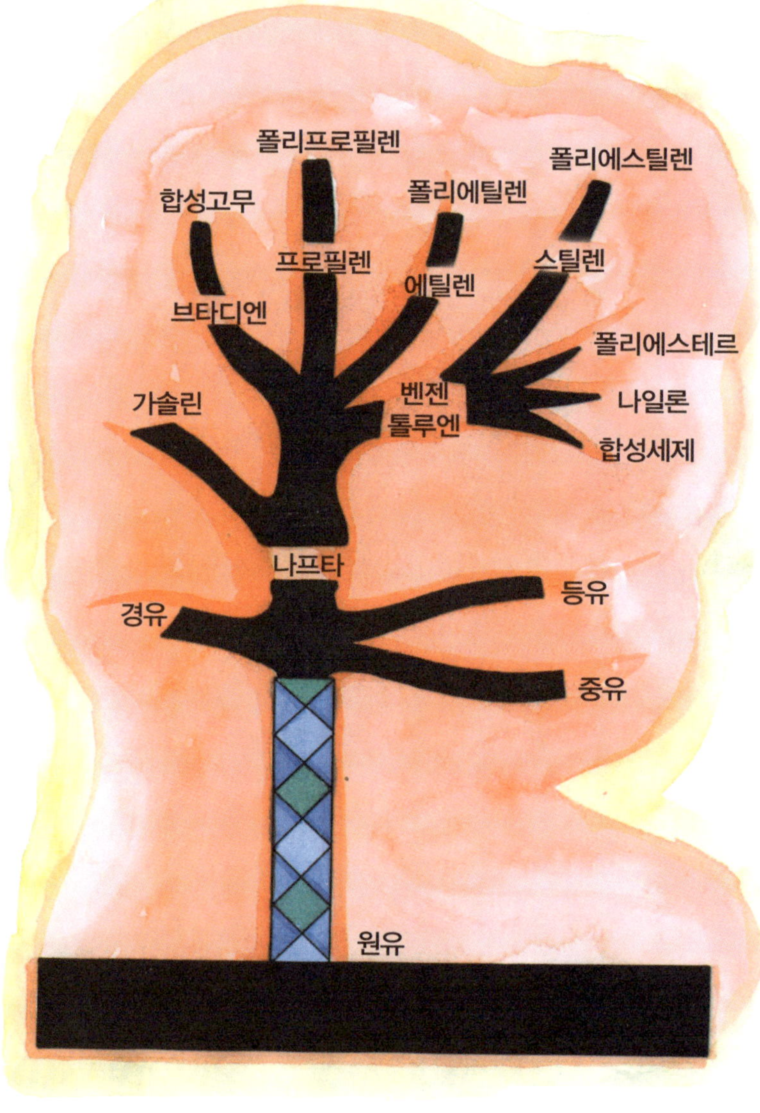

아주 오랜 옛날에 바닷속에 살던 많은 식물 플랑크톤이 죽어서 진흙과 함께 바다 밑바닥에 높이 쌓였습니다. 그리고 박테리아가 이 플랑크톤의 시체를 분해하기 시작했습니다. 그러는 사이에 플랑크톤의 산소가 없어지고 탄화수소와 같은 것으로 되었습니다.

이 일은 10만 년이라는 세월 동안 서서히 일어난 일로서 이렇게 하여 바다 밑 더욱 깊은 곳에 파묻히게 되었습니다. 그러면서 지열과 압력의 작용을 받아 차츰 석유로 변화되었을 것이라고 추측하고 있습니다.

처음에 이루어진 석유는 매우 찐득한 것입니다. 그러던 것이 시간이 지나면서 차츰 가벼운 석유로 변해 갔습니다. 이것은 오래된 지층에서 나오는 석유일수록 가볍다는 사실을 알 수 있습니다.

석유는 제2차 세계 대전이 끝난 후부터 본격적으로 사용하게 되었습니다. 그때까지는 대부분 발전에만 이용되었으나 최근에 와서는 자동차의 연료 및 여러 화학 분야에까지 석유를 사용하게 되었습니다.

우리나라에서도 현재 석유 화학 공업이 한창 절정을 이루고 있는 실정입니다. 이것을 우리는 '에너지 혁명'이라고 일컫고 있습니다.

에너지 혁명이 일어났던 가장 큰 이유는 당시의 석유값이 무척 쌌기 때문이었습니다. 그러나 오늘날은 석유가 그렇게 싸다고는 말할 수 없습니다. 더구나 우리나라에서는 아직 석유가 나지 않기 때문에 모두 다 외국으로부터 수입해 오고 있는 형편입니다.

우리나라는 현재 서해안과 남해안의 대륙붕에 많은 양의 석유가 매장되어 있을 것으로 추측되고 한창 개발을 하고 있습니다. 이 개발에 성공한다면 석유를 외국에서부터 사 들어오는 문제는 거뜬히 해결되리라 봅니다.

에너지 혁명과 같은 일은 다른 분야에서도 일어났습니다. 석탄으로 여러 가지 약을 만드는 '석탄 화학' 대신 석유로 만드는 '석유 화학'이 등장한 것입니다.

우리 둘레를 살펴보면, 석유로부터 만들어진 플라스틱 제품은 그 수를 헤아릴 수 없을 만큼 많습니다. 또 도로 포장이나 방수제로 쓰이기도 하고 양초의 원료로도 쓰며, 가구의 광택제로 쓰이기도 합니다. 그 밖에 석유로 만든 종이까지 나오고 있는 실정입니다. 또한 석유로부터 나일론을 만들어 낸 덕분으로 아주 질긴 섬유를 만들 수 있게 되었습니다. 책가방이나 신발까지도 석유로 만들어집니다.

이렇게 온갖 것을 석유로 만들 게 되자 오늘날은 석유가 없으면 살아갈 수 없게 되었습니다. 그러나 그 반면에 석유 화학에서 비롯되는 여러 가지 공해가 심각한 문제로 등장하기에 이르렀습니다.

또한 석유는 샘물처럼 퍼 쓰면 다시금 고이거나 하는 것이 아니기 때문에 퍼올려 쓰다 보면 언젠가는 온 지구상의 석유가 바닥나 버릴 날이 오게 될 것입니다.

32만 톤급의 유조선

암흑 시대로 되돌아가는 일은 없을까?

석유에서 여러 가지 것이 만들어진다는 것은 여러분도 이제 알았을 것입니다. 그런데 놀랍게도 이번에는 우리가 먹을 수 있는 '석유 단백질'을 만들려는 생각을 하는 사람까지 나타났습니다.

석유를 먹고 자라는 생물이 있다는 것이 발견되었습니다. '효모'라는 미생물인데, 석유를 그대로 먹는 것이 아니라 석유에서 끄집어 낸 '노르말 파라핀'이라는 투명한 액체를 먹고 무럭무럭 자라는 것이었습니다.

이렇게 해서 자란 효모는 본래의 효모와는 전혀 다른 것으로 되어 버리는데, 물에 깨끗이 씻고 말린 효모는 단백질을 많이 함유하고 있으며, 누런색을 띠고 생선가루와 같은 냄새가 납니다.

이 가루를 소나 돼지의 먹이에 섞어서 주면 가축은 아주 즐겨 먹고 살도 찌게 됩니다. 동물에게만 먹이는 것이 아니라 이 가루를 고기같이 만들어 사람이 먹을 수도 있는 것입니다.

따라서 이것을 먹어도 해롭지 않은가, 노르말 파라핀 속에는 발암 물질이 들어 있지 않은가 하는 것들이 조사되었습니다. 몇 마리의 흰쥐에게 오랫동안 먹여 보고 그 다음에 해부하여 암이 생겼는가 아닌가를 아들 쥐, 손자 쥐까지도 철저하게 조사해 보았습니다. 이것만을 조사하는 데도 무려 3년이라는 세월이 걸렸습니다.

그 결과 효모를 먹은 흰쥐는 암에 걸린 사실이 없었고, 살 속에 발암 물질이 괴지 않았다는 사실이 밝혀졌습니다. 그런데도 역시 걱정이 된다는 어머니들이 많았습니다. 석유에 발암 물질이 있을지 모르기 때문에 꺼림칙하다는 것이었습니다.

이 이야기는 '석유 단백질 소동' 으로서, 이웃 나라 일본에서 실제로 있었던 이야기입니다.

우리 주변에 널려 있는 플라스틱 제품 외에도 이처럼 음식물까지 만들어 낼 수 있는 석유는 오늘날 우리에게 없어서는 안 될 매우 중요한 것이 되었습니다.

석유 스토브에 태우는 등유나 자동차 연료인 가솔린은 말할 것도 없고, 어머니들이 부엌에서 쓰는 프로판가스나 도시가스, 또한 전기까지 그 원료는 모두 석유인 것입니다. 전기를 예로 들면, 전기는 석유에서 얻어지는 중유를 화력 발전소에서 연소하여 발전시킨 것이 대부분입니다.

심지어는 식탁에 오르는 식초나 화학 조미료도 석유로 만들어지고, 우리가 아플 때 먹는 약도 대부분 석유에서 만들어진다고 생각할 수 있습니다. 이처럼 우리 둘레에는 석유로 만

■세계의 원유 매장량

세계 원유의 대부분은 중근동에서 나고 있습니다.

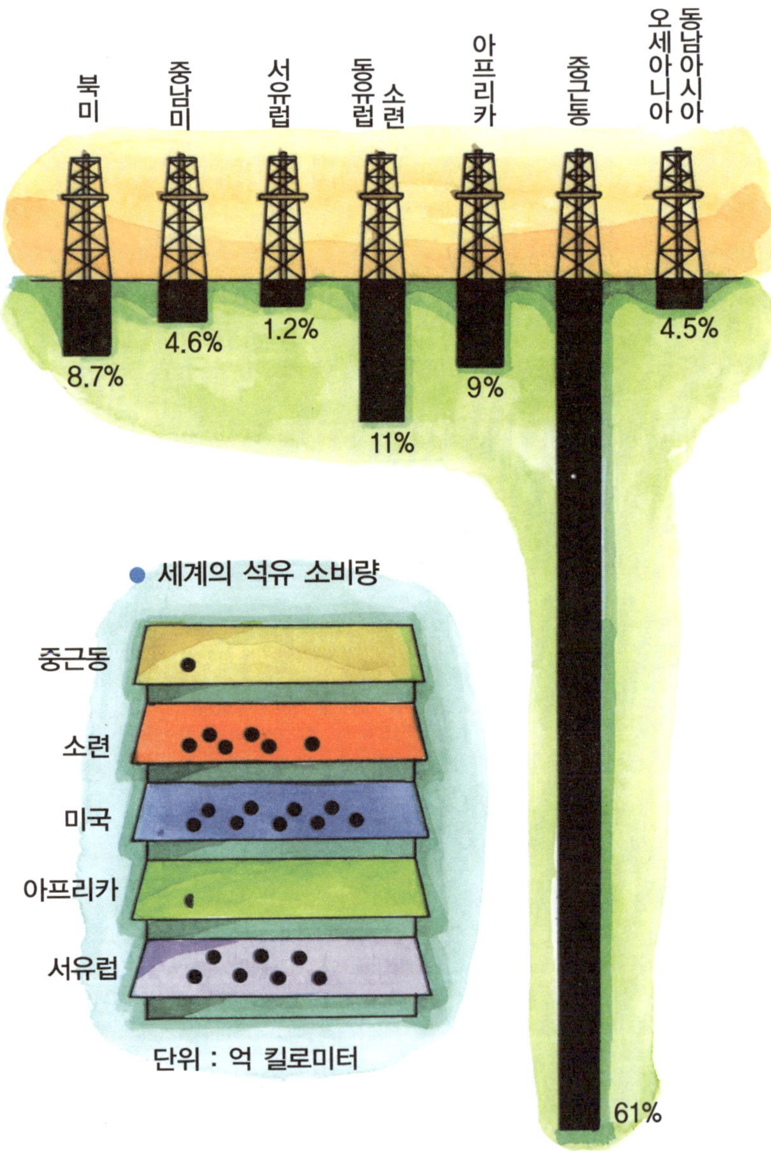

들어진 것이 얼마든지 있습니다.

그런데 만일 석유가 없어진다면 어떻게 될까요?

아무튼 전기와 가스가 함께 없어질 것이므로 밥을 짓거나 야채를 삶을 수도 없을 것입니다. 그 쌀이나 야채 역시 석유에서 만들어진 비료나 농약으로 길러지고, 석유로 일으킨 전기나 가솔린으로 움직이는 화물 열차나 트럭으로 운반되는 것입니다.

이렇게 중요한 석유가 유감스럽게도 우리나라에서는 아직까지 한 방울도 나지 않고 있습니다. 그리고 세계에서도 석유를 얻을 수 있는 장소는 한정되어 있습니다.

현재까지 발견되고 있는 석유의 약 60퍼센트는 중근동 지방에 있습니다. 그리고 남북 아메리카 대륙과 소련, 아프리카 등지입니다.

지금 세계 각국이 사용하는 석유량은 매년 놀라울 정도로 늘어났다고 합니다. 그러므로 세계 어느 곳에서 새 유전이 발견된다고 해도 그 필요량은 도무지 충족시킬 수 없는 형편인 것입니다. 이렇게 생각해 볼 때 앞으로 40년 뒤에는 석유가 바닥이 날 것이라고 말하는 학자도 있습니다.

그렇게 된다면 이 지구는 다시 불이 없었던 옛날의 암흑 시대로 되돌아갈 수밖에 없는 것이 아닐까요?

얼마 안 가서 석유가 없어지게 될 것은 틀림없는 사실입니다. 그렇기 때문에 우리는 석유를 대신할 에너지를 개발해 내지 않으면 안 되는데, 그 대표적인 것이 '원자력' 입니다.

그러나 지금의 원자력 발전소는 우라늄을 연료로 사용하고 있습니다. 이 우라늄 역시 석유와 마찬가지로 지구에는 한정된 양밖에 없습니다. 따라서 지금과 같은 방법으로 원자력 발

핵 에너지를 동력으로 이용하는 잠수함

전을 계속한다면 약 100년쯤 후에는 우라늄도 바닥나고 말 것입니다.

그 다음에는 핵융합입니다. 핵융합은 무거운 원자 알갱이가 붕괴할 때 내는 열을 이용하는 원자력 발전소와는 달리, 수소와 같은 가벼운 원자가 서로 달라붙어 다른 원자로 될 때 내는 열을 이용하는 것입니다.

이 방법은 양이 한정되어 있는 우라늄과는 달리 바닷물 속에 무진장이라고 할 만큼 함유되어 있는 수소를 사용할 수 있습니다. 따라서 이것을 사용할 수만 있다면 에너지 걱정은 하지 않아도 될 것입니다. 그러나 핵융합 발전소를 만드는 일은 쉬운 문제가 아닙니다. 어느 나라에서인가 진지하게 연구되고 있다고 하지만, 아직 발전소까지 만들었다는 이야기는 들려오지 않고 있습니다.

때문에 그보다는 태양 에너지나 물의 힘을 이용하는 편이 쉬울 것이라고 생각됩니다.

태양 에너지는 예부터 많이 이용되어 왔습니다. 렌즈로 햇빛을 모아서 불을 일으키거나 염전에서 소금을 만들어 온 것입니다. 바닷가 모래밭에 만든 염전에 바닷물을 가둬 놓으면 태양열에 의해 물이 증발하고 소금이 남습니다. 이러한 일을 몇 번이고 되풀이하여 소금을 만드는 것입니다.

그러나 앞으로의 태양 에너지의 이용은 이것과는 다릅니다. 거대한 태양 전지를 구름 위에 올려놓고, 태양빛을 전기로 바꾸어서 그 전기를 다시 전파로 하여 지상으로 내려 보내는 것입니다.

또한 물의 힘을 옛날에 수차를 사용하여 방아를 찧던 것과는 다른 방법으로 이용하는 것입니다. 즉, 물결의 힘으로 발전

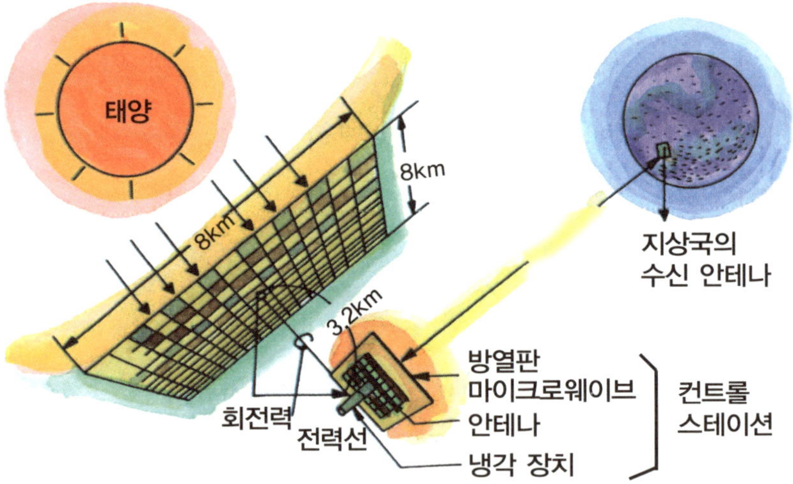

한변이 8km의 태양 전지판을 단 위성을 높이 36,000km의 '정지궤도'에 쏘아올린다. 태양열로부터 만들어지는 전기는 마이크로웨이브의 전파로 바뀌어 한 변이 1.6km인 안테나로부터 지상을 향해 송신한다.

시키는 것이지요. 물 속에서 수소를 끄집어내어, 이것을 원료로 하는 에너지를 만들어 사용하려는 연구도 열심히 진행되고 있습니다.

이렇게 해서 석유가 없어진 뒤에도 에너지는 다시금 해결될 것 같은 느낌도 듭니다. 현명한 인류는 어느 시대에나 항상 새로운 기술을 만들어 내지 않았습니까?

물론 그 기술이 다른 목적으로 쓰인 일도 없지 않습니다. 1945년 8월에 미국이 제2차 세계 대전을 일으켰던 일본의 히로시마와 나가사키라는 곳에 떨어뜨린 원자폭탄이 그 한 예입니다. 그럼으로써 전쟁을 끝낸 것이었습니다.

이 원자 폭탄 때문에 원자력은 나쁜 것이라고 생각하는 사람도 있습니다. 그러나 이러한 생각은 잘못된 것입니다. 문제는 모든 인류가 행복하게 살기 위해 기술을 어떻게 잘 이용하느냐에 달려 있는 것입니다.

원자력 발전소의 경우도 방사능이 새어나와 발전소 부근의 주민들에게 나쁜 영향을 미치는 경우도 있습니다. 그런 사고를 대비하여 안전 장치가 잘 작동하는가를 충분히 확인한 뒤에 만들 필요가 있습니다.

이와 같은 방법 등으로 앞으로 에너지 문제가 해결된다 해도, 지금과 같이 석유를 여러 방면에 함부로 써서는 안 됩니다. 왜냐하면 석유는 화학 공업에 없어서는 안 될 중요한 원료이기 때문입니다.

석유는 연료뿐만 아니라 플라스틱이나 많은 약을 만드는 원료가 된다는 것을 앞에서도 말했습니다. 그러므로 앞으로 에너지로서 석유 이외의 다른 것이 개발된다면 우리는 자손을 위해 석유를 남겨 놓지 않으면 안 됩니다. 될 수 있으면 화학 공업의 원료로서 자손에게 물려주어야 하는 것입니다.

이 일은 곧 우리가 살아남는 데 필요한 일입니다. 뿐만 아니라 우리의 자손까지 행복하게 살 수 있도록 하기 위해 지금부터 미리미리 생각해 놓지 않으면 안 되는 일인 것입니다.

무공해 연료

가스관에서 나오는 전기

여러분은 가스를 사용할 때처럼 마개를 틀기만 하면 전기가 나온다는 사실을 믿을 수 있습니까?

그러나 사실입니다. 가스의 마개를 틀면 전기가 나오는 기계가 이웃 나라 일본에서 이미 사용되고 있습니다. 이것은 미국이 아폴로 우주 계획에서 사용했던 '연료 전지' 입니다.

이 연료 전지는 2개의 네모난 상자로 되어 있습니다. 한쪽에는 굴뚝 같은 것이 붙어 있는데, 겉보기에는 별다른 기계가 아닌 것처럼 느껴지나 이것을 가스관에 이어 놓으면 12.5킬로와트의 전기가 나온다고 합니다. 놀라운 일이 아닐 수 없습니다. 12.5킬로와트라고 하면 4~10가구에서 사용할 수 있는 전기량입니다.

연료 전지는 어떤 구조로 전기가 일어나는 것일까요?

여러분은 전기 분해에 대해서 알고 있을 것입니다. 물속에 직류 전기를 흐르게 하면 전기 분해가 일어나 수소와 산소가 생기지요.

그런데 연료 전지는 이 반대 일을 하는 것입니다. 즉 산소와 수소를 뿜어 넣어 주면 전기가 일어나 물이 생기는 것입니다.

아폴로 우주선에는 산소와 수소가 실려 있어서 연료 전지로 만든 전지를 우주선 안의 조명이나 생명 유지 장치, 통신 등에 사용하고 물은 음료수로 사용했습니다.

그러나 지상에서 사용하는 연료 전지는 우주선에서 쓰는 것처럼 소형이 아니어도 좋기 때문에 산소 대신 공기를 넣어 줍니다. 또 수소 대신에 가스관을 흐르는 천연가스를 사용합니다. 이것을 '개질 장치' 라고 하는 것에 넣고, 메탄을 수소가 많은 가스로 바꾸어 연료 전지에 넣습니다.

연료 전지에서 나오는 것은 직류 전기입니다. 이것을 그대로는 보통의 전기 세탁기나 전기 냉장고에 사용할 수 없으므로 '인베이터'라는 기계를 사용하여 전선에 흐르는 것과 같은 100볼트의 교류 전기로 바꿉니다.

자, 이제 연료 전지 발전이 같은 연료를 사용하지만, 연료를 태워서 발전하는 보통의 화력 발전과는 발전 방식이 많이 다르다는 것을 알 수 있을 것입니다.

화력 발전은 연료를 태워 증기를 만들고, 그 증기로 터빈 발전기를 돌려서 발전하는 것이며, 본래의 연료가 갖는 에너지의 10분의 6이 낭비됩니다.

그런데 연료 전지는 넣어 준 연료가 그대로 전기로 바뀌기 때문에 이와 같은 낭비는 거의 없습니다. 잘만하면 연료의 본래 에너지의 10분의 8까지도 전기로 변하게 할 수 있다고 합니다.

그뿐만 아니라 연료 전지는 화력 발전소와 같은 소음이나 진동이 없고, 질소산화물 등 대기를 오염시키는 물질도 나오지 않습니다. 또한 전기를 전선을 이용하여 집까지 운반하는 것보다 가스관으로 운반하는 것이 5분의 1정도의 적은 비용이 든다고 합니다.

이처럼 훌륭한 연료 전지는 실은 지금으로부터 100여 년 전에 영국의 윌리엄 글로브라는 사람이 발명한 것입니다.

물의 전기 분해는 1801년에 험프리 데이비라는 사람에 의해 실시됐었는데, 글로브는 물의 전기 분해와 반대의 것을 할 수 있지 않을까 생각했습니다. 그리하여 산소와 수소를 반응시켜 전기를 만드는 것에 성공한 것입니다.

이렇게 해서 연료가 갖고 있는 화학 에너지를 직접 전기 에너지로 바꾸는 일을 세계에서 처음으로 성공시켰습니다.

그러나 단지 실험실에서만의 연구일 뿐 실제로 쓰이는 일은 극히 적었습니다. 연료 전지를 실제에 응용하여 사용해 보려는 연구는 거의 진행되지 않았습니다.

이 연구가 본격적으로 진행된 것은 미국에서 우주 개발이 급속도로 진전되고서부터입니다. 1965년, 2사람이 탈 수 있는 제미니 위성선에 처음으로 연료 전지를 실었고, 1968년에는 아폴로 7호에 싣기에 이르렀습니다.

일본에서도 그때부터 연료 전지에 대한 연구가 진행되고 있습니다. 메틸 알코올과 공기를 사용한 연료 전지를 만들어 1965년에 방파제의 등대불로 사용한 것이 최초입니다.

또 히드라진과 공기를 사용한 것도 만들어져서, 텔레비전 무인 중계국에도 히드라진과 공기의 연료 전지가 사용되고 있습니다.

자동차도 연료 전지로 달리는 것이 시험 가동되고 있습니다. 1971년에 일본에서 '스발 엘렉트로 와콘 X1' 이라는 전지 자동차가 등장했습니다. 이것은 아연을 연료로 하는 연료 전지로 달리는 것입니다.

아폴로 우주선에 사용한 연료 전지를 훨씬 싼 값으로 만들어 모든 가정에서 사용하게 하려는 것이 '타켓 계획' 의 목적입니다. 타켓 계획은 1967년에 미국 27개 회사가 모여서 만든 것입니다. 그 후에 회사의 수는 35개로 불어났습니다.

서양 식당 등 레스토랑에서 조명은 물론 커피를 끓이는 데, 냉수기 · 냉장고 · 믹서 등을 운전시키는 데 쓰는 연료 전지는 바로 이 타켓 계획에 의해서 만들어진 것입니다.

연료 전지로 달리는
'스발 엘렉트로 와콘 X1'

석유 대신의 천연 가스

혹시 LNG라는 이름을 들어 본 적이 있습니까? 이것은 '액화 천연 가스'라는 뜻의 영어 문자의 머리 글자로서, 천연 가스는 땅속에 파묻혀 있는 가스입니다. 주로 메탄으로 되어 있지요.

이전에는 석유를 퍼올리는 유전에서 나오는 가스를 모두 태워 버렸었습니다만, 지금 생각해 보면 아깝기 짝이 없는 노릇입니다. 왜냐하면 오늘날은 이 천연 가스를 도시까지 운반하여 발전에도 사용하려는 시도가 활발히 진행되고 있기 때문입니다.

가정에서 사용되고 있는 '도시 가스'는 이제까지는 석탄이나 석유에서 만들어졌습니다. 그런데 그것을 천연 가스로 바꾸려는 것입니다.

어떻게 하여 천연 가스를 사용하게 되었을까요?

가장 큰 이유의 하나는 천연 가스는 석유와는 달리 공해가 없다는 것입니다. 석유로 만든 중유에는 유황분이 포함되러 있기 때문에 발전소에서 그대로 태우면 아황산가스가 되어 굴뚝에서 뿜어 나오게 됩니다. 이것은 대기 오염의 커다란 원인이 되는 것입니다.

그러나 천연 가스에는 유황분이 포함되어 있지 않습니다. 예를 들어 알래스카의 키나이 지방에서 얻어지는 천연가스는 99.8 퍼센트까지가 메탄이어서 순수한 메탄가스라고 해도 좋습니다. 순수한 메탄 가스를 태웠을 때 나오는 것은 이산화탄소나 수증기뿐입니다. 따라서 공해를 일으키지 않는 것입니다.

그러나 우리나라에서는 이 천연 가스도 나지 않고 있기 때문에 석유와 마찬가지로 외국에서 수입해야 되므로 유감스러운 일이 아닐 수 없습니다.

가스를 운반하는 가장 간단한 방법은 가스관을 설치하는 일입니다. 그러나 바닷속 깊숙이에 몇 만 킬로미터나 되는 가스관을 설치한다는 것은 그리 쉬운 문제가 아니기 때문에 결국 배로 운반하는 길밖에 없습니다.

그렇다고 해서 큰 가스 탱크를 배에 실어 운반하는 것은 아닙니다. 그리 되면 운임이 많이 들게 되므로 가스를 식혀 액체로 만들어 운반합니다. 액체로 하면 600분의 1부피로 압축이 가능하기 때문입니다. LNG의 액화 천연 가스라는 이름은 이래서 붙은 것입니다.

LNG는 섭씨 영하 162도나 되는 저온입니다. 온도가 이보다 조금만 높아져도 다시 본래의가스로 돌아갑니다. 그러므로

천연가스의 채굴 광경

LNG를 실어 오는 배는 이중병의 구조로 되어 있습니다.

이중병이라고 해도 유리로 되어 있는 것이 아니라 니켈과 합금한 특수 강철로 만들어져 있습니다. 탱크를 이중 구조로 하여 안쪽 탱크와 바깥쪽 탱크의 틈 사이에 열을 전하지 않는 물질을 채워 넣어서 만든 것이 LNG 전용 탱크입니다.

탱크로 실어 온 LNG는 액체 그대로 지상의 탱크에 저장합니다. 그리고 이것을 조금씩 가스로 되돌려 발전시키거나 도시 가스를 만드는 것입니다.

섭씨 영하 162도의 LNG라고 해도 이것은 1기압일 때의 온도이고, 압력이 높아지면 조금 더 높은 온도에서도 액체가 될 수 있습니다. 그러나 어쨌든 아주 저온인 것만은 틀림없습니다.

이 낮은 온도의 LNG에서 가스를 만들려면 LNG를 데워야만 합니다. 하지만 불로 쬐는 것이 아니라 LNG가 통하고 있는 가스관에 바닷물을 끼얹는 방법을 이용합니다. 섭씨 영하 162도라고 하는 저온의 LNG는 바닷물을 끼얹는 것만으로도 훨씬 따뜻하게 데워지는 것입니다.

그러나 바닷물은 이 때문에 온도가 내려갑니다. 이 사실은 LNG가 '냉열(차가운 열)'이라는 에너지를 갖고 있는 증거가 됩니다. 오늘날은 이 냉열 에너지를 함부로 바다에 버리지 않고 여러 모로 이용하려는 연구가 진행되고 있습니다.

냉열도 에너지라는 것이 얼른 이해가 되지 않는다면 전기 냉장고를 생각해 보세요. 전기 냉장고는 전기 에너지를 많이 사용하여 물체를 식히는 것입니다. LNG 또한 바닷물을 식히는 힘이 있기 때문에 역시 에너지를 갖고 있다고 할 수 있습니다.

그러면 LNG는 어떻게 만들어지는 것일까요?

알래스카나 보루네오 등 천연 가스를 얻는 장소에서 가스를 액체로 한 것이 LNG입니다. 그런데 천연 가스를 액체로 하려면 공기 압축기 등을 운전해야 하기 때문에 전기를 많이 사용하게 됩니다. 따라서 많은 전기를 사용하여 천연 가스를 LNG로 한 것이기 때문에 전기 에너지가 저온이라는 것으로 변하여 LNG 속에 들어 있다고 생각하면 됩니다.

이 저온 에너지를 최초로 이용한 것은 공기를 식혀 액체 산소, 액체 질소, 액체 아르곤을 만드는 일이었습니다.

가스관 속에는 1시간에 8톤의 LNG가 흐르게 되는데, 이 냉열로 공기를 식히는 과정에서 산소와 질소가 액체로 변하는 온도가 각기 다른 것을 이용하여 액체 산소와 액체 질소를 분리해 냅니다. 이렇게 해서 1시간에 7천㎥의 액체 산소와 3천㎥의 액체 질소, 150㎥의 액체 아르곤을 만들 수 있습니다.

LNG가 가스관으로 공장에 보내지면 공장에서는 이 LNG의 저온을 사용하여 전기만으로 만드는 것보다 훨씬 싼 값으로 액체 산소를 만들어 냅니다. 약 10분의 4정도로 싼 값이라고 합니다.

저온이라고 하면 여러분은 냉동 음식물이나 냉장고에 대한 것 등을 머리에 떠올릴 것입니다. 그와 같이 역시 LNG의 저온을 이용하여 음식물을 냉동시키는 방법이 연구되고 있습니다.

그 방법은, LNG로 공기를 섭씨 영하 100도 정도까지 식혀 냉동실에 뿜어 넣습니다. 그러면 냉동실 안의 음식물이 한순간에 딱딱하게 얼어 버립니다. 찐만두 등을 냉동시키는 공장에서는 액체 질소를 사용하여 냉동시키는 것입니다.

또한 대형의 초저온 냉장고도 만들어지고 있습니다. 이 냉장고는 물고기를 1만 톤이나 넣을 수 있는 대형의 크기이며, 냉동실에 다랑어, 새우, 꽁치 따위를 넣고 섭씨 영하 50도에서 얼리는 데 사용됩니다.

그 외에도 LNG의 저온을 이용하는 방법이 여러 가지로 연구되고 있는데, 플라스틱을 처리하는 데 사용되는 것을 한 예로 들 수 있습니다.

플라스틱 찌꺼기는 소각장에서 태워 버리거나 파묻는 일이 많습니다. 하지만 석유에서 애써 만들어 낸 것을 태워 버린다는 것은 아깝다는 생각이 듭니다. 따라서 이것을 이용하여 도시 가스를 만드는 방법 등도 연구되고 있습니다. 그런데 플라스틱 등에 염화비닐의 찌꺼기가 섞여 있으면 데울 때 염소가 나와 가스를 만드는 솥이 금방 삭아 버리고 맙니다. 그러므로 LNG의 저온을 이용하여 염화비닐을 제거하게 되었습니다.

이 밖에 송전용 케이블을 LNG로 식히는 일을 생각할 수 있습니다. 앞으로 500킬로와트라고 하는 매우 큰 전력을 땅속에 묻은 케이블로 보내는 일을 연구중인데, 이 케이블을 LNG로 식히는 것입니다. 그러면 굵은 동선을 사용하지 않아도 많은 전기를 보낼 수 있을 것입니다.

LNG의 저온을 이용하는 방법은 계속하여 연구될 것입니다. 바닷물을 얼려 민물을 만든다거나, 수소 가스를 액화시켜 무공해 연료를 만든다는 계획이 그것입니다.

수소 가스를 풍선에 넣어 날려 보면 가끔 폭발하므로 매우 위험한 가스라고 생각되겠지만, 주의만 잘하면 그보다 안전한 것도 없으므로 미국에서는 많이 연구되고 있습니다. 수소를 태울 때는 고작 수증기만 나올 뿐이므로 공해가 전혀 없기 때문입니다.

무엇보다도 1킬로그램의 LNG를 보통의 공기와 같은 온도로 하면 200킬로칼로리의 냉열이 나오기 때문에, 이것을 이용하기 위한 연구는 앞으로도 계속 진행될 것입니다.

태양열의 이용

조그마한 라이터에서부터 첨단 과학으로 이루어지는 인공위성에 이르기까지, 그 에너지원으로서 태양열을 이용하는 연구가 세계적으로 진행되고 있고 일부는 이미 실용화되어 있습

태양열의 이용

온실 안인데도 난로가 없네
그런데 어떻게 이렇게 따뜻할까?
①
자, 들어봐라. 하얗게 빛나보이는 태양 광선도 실제로는 빨, 주, 노, 초, 파, 남, 보의 일곱 가지 광선과 눈에 보이지 않는 자외선과 적외선이 모인 것이야.
②
이 중 자외선은 대기의 상층에서 거의 흡수되고, 적외선의 일부도 대기 중의 수증기나 탄산 가스에 흡수되어 버리지만, 많은 다른 빛과 함께 땅에 흡수됩니다. 그래서 열로 바뀌어 대지를 따뜻하게 하는 것입니다.
다 빛의 대부분은 지면에 닿는다.
나 지면에 닿는다.
적외선은 다시 나온다.
가 자외선은 거의 흡수된다. 적외선도 흡수된다.
이들 빛은 온실의 유리를 통과해 온실 안의 땅과 식물에 흡수 되고 열로 바뀐다.
④
지면에 흡수된 적외선은 다시 나와 유리에 흡수되거나 반사되어, 밖으로 나가지 않으므로 온실 안이 따뜻한 것이지.
⑤
대지에 흡수된 적외선도 다시 대기를 향해 나와서, 수증기나 탄산가스에 빨려 들어가 열로 바뀐다. 대지를 감싸고 있는 대기가 유리 역할을 하기 때문에 지구 전체가 온실같이 되는 것이다.
⑥
어머! 밖에서 다 보이는데 목욕할 때는 어떻게 하니?
그래! 유리집을 만들면 따뜻해지니까 석유가 부족해도 걱정할 것 없어.

니다.

태양열은 무진장인데다가 공해가 전혀 없는 '클린 에너지' 이므로 너무나 매력적인 것이 아닐 수 없습니다.

1978년 2월 16일부터 1주일 동안, 인도의 뉴델리에서는 태양 에너지에 관한 국제회의가 열렸습니다. 52개국에서 3천여 명의 대표가 참석한 이 회의는,

"태양 에너지는 이제 연구 단계를 넘어섰다."

라고 선언하고,

"특히 에너지 부족으로 허덕이고 있는 제3세계를 위해 보다 값싼 태양 에너지를 이용 개발하는 노력을 아끼지 말아야 한다."

고 결론을 지었습니다.

국제 태양 에너지 학회와 인도 정부가 공동으로 주최한 이 회의는, 에너지 위기 이후 주목을 받고 있는 태양 에너지에 관한 최초의 국제회의란 점에서 온 세계의 관심을 집중시켰습니다.

현재 태양 에너지 개발을 서두르고 있거나 이미 완료한 나라는 65개국이나 된다고 하며, 세계 각국이 이 에너지 개발에 들이는 연구비용만도 5억 달러 이상이라고 합니다. 그 가운데 60퍼센트 정도를 미국이 쓰고 있다고 생각됩니다.

이 국제회의에서 토의된 태양 에너지 이용 방법 가운데 가장 두드러지게 실용화되고 있는 것은 '태양 온수 방식' 이었는데, 이미 50여 개국이 개발중이거나 온수 장치를 생산하고 있는 것으로 밝혀졌습니다. 특히 일본, 오스트레일리아, 캐나다, 미국 같은 나라들은 이것을 이미 상품으로 만들어 시중에 팔고 있었고, 그 중에서도 미국은 이미 태양 온수 산업이 큰 성장을 이룩하고 있습니다.

또한 이스라엘과 키프로스에서도 태양 에너지 산업이 많은 각광을 받고 있는데, 이스라엘의 경우 5가구에 1가구 꼴로 태양열 온수기가 보급되어 있고, 최근에는 집열 효율이 큰 온수기를 개발하여 미국과 브라질에 수출을 하는 형편입니다. 그리고 키프로스도 1만 대 이상의 온수기가 보급되어 있습니다.

아프리카의 니제르 공화국 같은 나라는 호텔이나 병원 등의 공공건물에는 반드시 이 온수 장치를 설치하도록 법률로 정해 놓고 있습니다.

한편 인도 정부는 최근에 CEL이라는 태양 전지 회사를 설립하여 태양 전지를 보급하고, 또 태양 발전소도 건설했습니다. 이집트 역시 태양 발전소를 건설하여 발전을 하고 있습니다.

우리나라도 이러한 세계적인 추세에 뒤떨어지지 않으려고

보다 적극적인 연구를 하여 오늘날 '태양의 집'을 짓는 등의 성과를 올리고 있습니다.

태양열을 이용한 주택을 '솔라 하우스(태양의 집)'라고 합니다. 이것은 기상 상태가 좋아야 효력이 있어 흐린 날이 계속될 경우를 대비한 다른 에너지원이 필요하다는 문제점이 있긴 하지만, 열을 모으는 '집열' 면적이 난방 면적의 60퍼센트 정도가 되면 웬만한 주택의 난방은 해결할 수 있습니다.

솔라 하우스는 열을 전달하는 매개체로서 주로 공기와 물을 이용합니다. 때문에 현재로서는 설비 가격이 비싸게 먹히지만, 앞으로 점차 경제성이 높아져 싼 값에 보급 될 것으로 기대되고 있습니다. 솔라 하우스는 일반 주택뿐만 아니라 사무용 건물이나 병원 같은 건물에도 이용됩니다.

태양열은 또 공업용 가공에도 이용되고 있습니다. 그 한 가지가 '태양로'인데, 이것은 해바라기꽃처럼 태양을 향해서 움직이면서 빛을 모으는 '집광 평면 거울'에 반사 된 빛을 한곳으로 모아서 짧은 시간 내에 높은 열을 얻어 이용하는 것입니다. 이 높은 열로써 '고온 화학 반응'이나 내열 재료 등을 가공하는 것입니다.

프랑스의 피레네 산맥 가운데의 오데이오 지방에 있는 태양로는 집광소의 온도가 3천 8백도나 된다고 합니다. 이것은

지구는 자석

①
이상하다!
자석 바늘은 어째서
북쪽을 가리킬까?
휴–, 자석의 경우
N극과 N극을 가까이
하면 서로 밀어내지
만, N극은 S극을 가
까이
하면 서로 끌어
당기지.
②
N극(북)
S극(남)
지구는 그림처럼 커다란 자석으로 되어
있어요. 따라서 민호가 가지고 있는 S극
은 지구의 북쪽(N극)에 끌리는 거예요
(단, 자석의 북쪽은 지구의 정북쪽에서
는 조금 떨어져 있다).
③
㉮사실은 S극이지만
N극으로 표시한다.
㉯거꾸로
N극을
S극이라한다.
그렇지만
S극이 북쪽을
가리키면
너희들이 망설
이게 되므로,
자석에는 S극을
N극으로 표시
하도록 되어
있다.
④
그리고 적도 근처에서는 자석 바늘
이 평평하게 되지만, 북반구에서는
기울어지고 북극 근처에서는 똑바로
서 있지.
⑤
적도
북극
남극
우리 나라에서 바늘이
수평이 되는 것은 자석
바늘이 기울어 지지
않도록 S극 쪽을
무겁게 했기 때문
이란다.
⑥
음식점
민호가 가는 방향에는
반드시 음식이있으니
자석과 같다.
⑦

인공으로 얻을 수 있는 최고 온도 2천도의 거의 두 배나 되는 높은 온도이지요.

태양열 발전소는 한곳에 모아진 빛으로 증기를 발생시켜서 이것을 터빈으로 돌려 발전하는 것입니다.

프랑스는 이미 1만 킬로와트짜리 태양열 발전소 1천 2백 개의 건설 계획을 이루고 있으며, 우주에다가도 태양열 발전소를 쏘아 올려 지구의 전력난을 덜려는 연구가 한창 진행중입니다.

이 밖에도 태양열을 실제에 사용하는 범위가 점점 더 늘어나고 있습니다. 1960년대 초부터 우주선에 사용한 것을 비롯하여 무인 등대, 손목시계, 계산기, 라이터, 요리 기구에까지 그 사용도가 매우 다양합니다. 최근에는 햇볕을 쬐면 라디오가 켜지는 태양열 라디오까지 등장하고 있습니다.

■태양열 주택

■태양열 난방

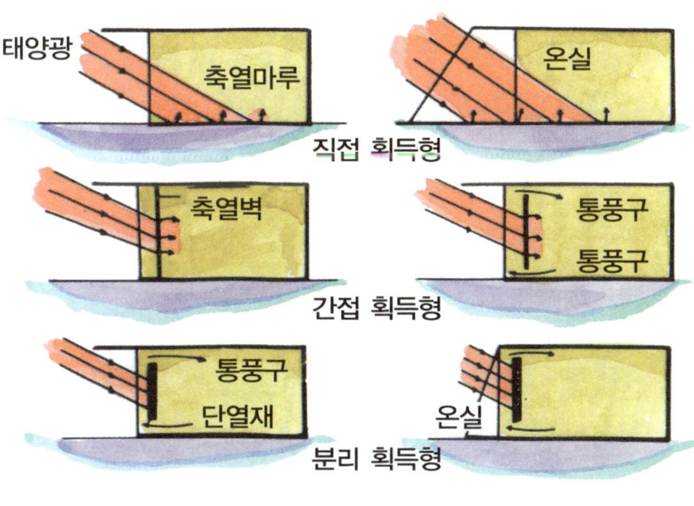

원자와 수소

놀라운 원자의 힘

여러분 중에 '방사능'이라는 말을 모르는 사람은 아마 없을 것입니다.

방사성 물질이 방사선을 내는 성질을 방사능이라고 하는데, 이 말을 맨 처음 만들어 낸 사람은 그 이름도 유명한 프랑스의 여성 화학자 마리 퀴리입니다.

마리 퀴리는 본래 폴란드에서 태어났는데, 파리의 소르본느 대학을 나와 당시 이미 물리학자로 알려진 피에르 퀴리와 결혼하였습니다. 두 사람은 우라늄보다 몇 백배나 센 방사능을 가진 새 원소(화학적 수단으로는 더 이상 분해할 수 없는 물질: 금、은、수소、질소 따위)를 발견하여 마리가 태어난 나라의 이름을 따서 '폴로늄'이라는 이름을 붙였습니다.

그리고 1898년 12월에는 더욱 센 방사능을 가진 원소를 발견하여 '라듐'이라고 이름 붙였습니다.

퀴리 부부는 오랜 세월에 걸쳐 광물 속에서 방사능이 센 물질을 끄집어내는 실험을 매일 계속했습니다. 그리하여 1902년에 마침내 이 일을 완성시켰으며, 1톤의 광물에서 0.1 그램의 라듐을 얻을 수 있었습니다.

퀴리 부부는 우라늄의 방사선을 연구한 공적으로 노벨 물리학상을 받았고, 마리는 다시 폴로늄과 라듐을 발견한 공적으로 노벨 화학상까지 받았습니다. 그러나 불행하게도 피에르는 1906년에 교통사고로, 마리는 방사능을 오랫동안 다룬 탓에 1934년에 백혈병으로 각기 죽고 말았습니다.

퀴리 부부가 연구하던 방사능을 사용하여 원자(각 원소가 자신의 특성을 잃지 않는 한도 내에서의 가장 작은 알갱이)에 대하여 연구한 사람은 영국의 물리학자 어네스트 레드포드입니다.

레드포드는 뉴질랜드의 농가에서 태어났으나 학교 성적이 우수해 장학금으로 뉴질랜드 대학을 졸업했습니다. 그리고 영국의 케임브리지 대학에 가서 장학생으로 공부를 더 했습니다.

레드포드는 원자를 조사하는데 방사선을 총알로 해서 사용할 것을 생각해 냈습니다. 방사선 속에는 알파(α)선, 베타(β)선, 감마(γ)선이 있지만, 레드포드는 알파선을 원자에 부딪쳐

레드포드의 발견

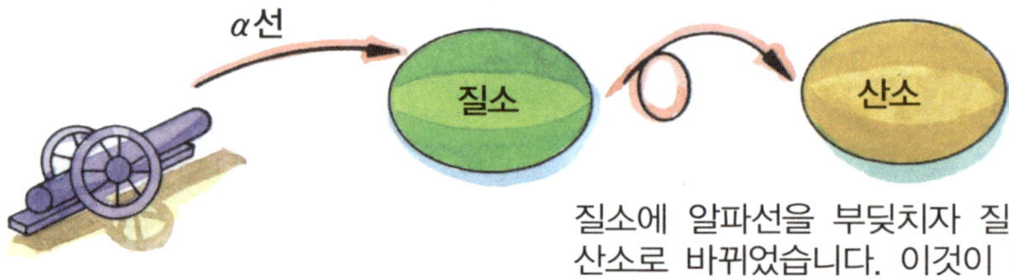

질소에 알파선을 부딪치자 질소가 산소로 바뀌었습니다. 이것이 하나의 원소를 다른 원소로 바꾸는 최초의 실험이 되었습니다.

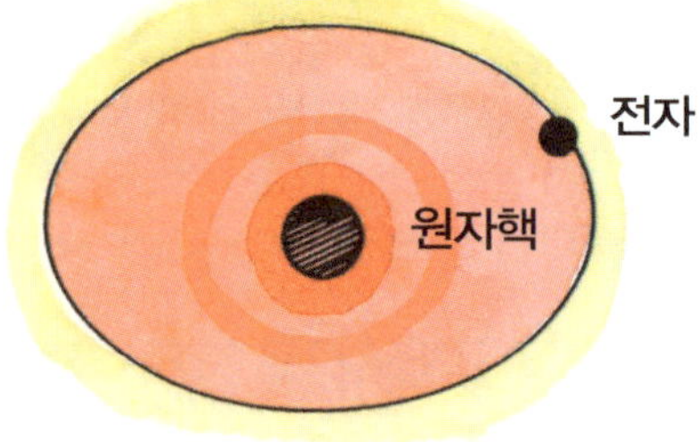

원자는 지름이 1억분의 1cm도 안 되는 작은 알갱이며, 중심에는 작은 원자핵이 있고 핵둘레의 궤도를 따라 전자가 돌고 있습니다.

원자 속이 어떻게 되어 있는가를 알아보고자 했습니다.

1908년의 일입니다. 레드포드는 두께가 겨우 2만 분의 1센티미터밖에 안 되는 얇은 금박을 만들어 그것에 알파선을 부딪쳐 보았습니다. 2만 분의 1센티미터라고 하는 두께에서도 원자는 2천 개가 늘어서 있으므로 알파선은 그것에 부딪쳐서 되돌아와야 했습니다. 그런데 대부분의 알파선이 금박의 뒤쪽으로 통과해 버리는 것이었습니다.

'왜 그런 것일까?'

레드포드는 궁금하게 생각되어 더욱더 연구에 열중하게 되었습니다. 그리고 원자라는 것은 반드시 속에 틈이 있을 것이라고 생각하게 되었고, 마침내 원자는 중심에 원자핵이라는 것이 있어서 그 둘레를 전자가 돌고 있을 것이라고 생각하게 되었습니다. 오늘날도 원자는 그러한 것이라고 여겨지고 있습니다.

레드포드는 다음에 더욱 훌륭한 실험을 했습니다. 여러 가지 가스에 알파선을 부딪쳐 본 것입니다.

이때 이상한 일이 일어났습니다. 질소에 알파선을 부딪쳤더니 질소가 산소로 변하는 것이었습니다. 레드포드는 지금까지 누구도 할 수 없었던 어떤 '원소를 다른 원소로 바꾸는 일'에 성공한 것입니다. 1919년의 일이었습니다,

원자력 발전은 우라늄이라는 원소를 다른 원소로 바꾸는 것에 의해 막대한 에너지를 끄집어내는 것입니다. 따라서 레드포드의 발견이 얼마만큼 중요하고 훌륭한 것인가를 짐작할 수 있을 것입니다.

퀴리부부와 레드포드, 뒤에 가서 뢴트겐이라든가 아인슈타인 같은 뛰어난 학자들에 의해 인류는 마침내 원자핵이 가지고 있는 에너지를 해방시켰습니다. 그러나 그것이 맨 처음 실제로 사용된 것은 인간의 행복을 위한 도구는 아니었습니다. 한꺼번에 많은 사람을 죽이기 위한 무기, 원자 폭탄이라는 것

히로시마에 떨어진 원자폭탄

으로 사용되었습니다.

제 2차 세계 대전 중 미국이 일본의 히로시마와 나가사키에 떨어뜨려 기나긴 전쟁을 끝내게 한 이 원자 폭탄은 처음의 실험부터가 공격용 무기로서의 개발을 목적으로 하고 있었습니다.

원자 폭탄이 떨어진 두 도시는 거의 전체가 폐허가 되다시피 파괴되었고, 헤아릴 수 없을 만큼의 많은 사람이 목숨을 잃었습니다. 당시 히로시마의 인구는 32만 2천 명이었는데, 그 중 20만 명이 죽었다고 합니다. 살아남은 사람도 대부분 심한 상처를 입었으나 치료할 수 없었고, 평생 불치의 병으로 고통 속에서 살게 되었습니다. 원자 폭탄의 파괴력은 바로 공포 그 자체였습니다.

원자력의 평화적 이용

1973년 4월 17일 오후입니다. 일본의 동경 어느 거리에 긴 행렬이 늘어서 있었습니다. 16일부터 시작한 '과학 기술 주간'을 기념해서 나눠 주는 감자를 얻으려는 사람들이었습니다.

이 감자는 아무데나 있는 흔한 것이 아니었습니다. 방사선으로 처리한 감자였던 것입니다.

감자가 3개씩 들어 있는 비닐봉지가 부슬부슬 내리는 비를 맞으면서 늘어서 있는 사람들에게 골고루 주어졌습니다. 어느 부인은,

"방사선을 쬐었다니까 기분은 약간 이상하지만 튀겨 먹으려고요."

하면서 받아 갔습니다.

이 감자는 일본 홋카이도라는 곳에서 생산된 것으로서, 작

년 가을에 수확하여 코발트 60이라는 방사성 동위원소에서 나오는 방사선을 쬔 것입니다.

감자에 방사선을 쬐는 것은 눈을 트지 않도록 하기 위해서입니다. 감자는 보통 수확하고서부터 2,3개월 동안은 '휴면기간' 이라고 하여 눈이 트지 않습니다. 그러나 그 시기가 지나면 눈이 나와 마침내 썩고 맙니다.

그런데 방사선을 쬐어서 저장하면 눈이 나오지 않으므로 8개월 동안이나 저장할 수 있습니다. 때문에 언제나 맛있는 감자를 먹을 수가 있게 됩니다.

그러나 '석유 단백질' 처럼 그것을 먹고 행여나 암이라도 걸리는 게 아닐까 하는 염려 때문에 몇 천 마리의 쥐에게 먹여 보았습니다. 그 결과 아무 이상이 없다는 것이 밝혀져서 사람들이 먹도록 한 것입니다.

먹을 것에 방사선을 쬐는 것은 이 밖에도 양파, 쌀, 밀, 생선묵, 소시지 등 여러 가지에 연구되고 있습니다. 양파는 감자와 마찬가지로 눈이 나오지 않게 하기 위해서지만, 쌀과 밀은 벌레가 생기는 것을 막기 위해서라는 등 그 목적은 각기 다릅니다. 밀감이나 생선묵, 소시지 등은 세균을 죽여 오래 보관하기 위한 것입니다.

방사선은 먹는 물건을 오래 간직하기 위한 것 외에 야채류를 여러 가지 품종으로 개량하는 데도 사용됩니다. 예를 들면, 튤립에 방사선을 쬐면 이제까지 볼 수 없었던 색다른 색깔의 꽃이 피는 것입니다.

또 벼에 방사선을 쬐어서 단백질이 많은 쌀을 만드는 연구도 하고 있습니다. 만약 이것이 성공된다면 밥을 먹는 것만으로도 고기를 먹은 것과 같은 단백질을 섭취하게 될 것입니다.

질병을 치료하는 데도 방사선은 없어서는 안 되는 물질로 되어 있습니다.

갑상선에 종양이 생겼는가를 발견하기 위해 요오드 131이라고 하는 방사성 동위 원소를 먹습니다. 그러면 요오드 131은 갑상선으로 모이게 되고, 이곳에서 방사선이 많이 나오는 부분과 그렇지 않은 부분으로 구별할 수 있게 됩니다. 이것으로써 종양이 생긴 곳은 금방 알아내게 됩니다.

암 등을 치료하는 데에도 방사선이 사용됩니다. 이것에는 코발트 60이나 라이나크라고 하는 장치를 사용하는데, 둘 다 암이 발생한 곳에만 방사선을 쬐기 위한 장치입니다.

설암 등을 치료할 때는 라듐의 작은 바늘을 꽂아 놓습니다. 이렇게 해서 방사선의 에너지로 암세포를 공격하는 것입니다.

방사성 동위 원소뿐만 아니라 원자로를 사용하여 치료하는 일도 있습니다. 뇌 속에 생긴 종양을 치료할 때인데, 먼저 뇌

방사선을 이용한 치료

에 붕소 화합물을 주사한 다음 머리를 원자로 속에 넣습니다. 그러면 붕소 화합물은 뇌의 종양이 있는 곳으로 모입니다. 그것이 원자로 속의 방사선을 쬐게 되면 다른 방사선을 내놓게 되어 이것이 종양을 파괴하게 됩니다.

방사성 동위 원소에서 나오는 방사선 중에 감마선이라는

것이 있습니다. 이것은 거의 모든 물질을 통과하기 때문에 지금까지 X선으로는 알 수 없었던 것까지 사진으로 찍을 수 있게 되었습니다.

예를 들면, 큰 배를 만들 때 두꺼운 철판을 여러 장 용접하는데, 이 용접 부위에 흠이 있는가 없는가를 겉으로 보아서 알 수 없을 때 동위 원소를 사용하여 조사할 수 있습니다. 작은 동위 원소를 철판에 밀착시킨 다음 그 반대쪽에 필름을 두면, 철판을 통과한 감마선이 사진에 찍히게 되므로 철판 속의 상처를 쉽게 알 수 있습니다. 이 방법으로 제트기의 엔진도 조사할 수 있습니다.

폴리에틸렌 등의 플라스틱도 방사선을 사용해서 만들 수 있습니다. 에틸렌 가스에 방사선을 쬐면 폴리에틸렌 가루가 생깁니다. 이 폴리에틸렌 가루는 알갱이의 크기가 고르기 때문에 품질이 매우 좋습니다.

방사성 동위 원소를 사용한 '원자력 전지'도 널리 알려져 있는 것입니다. 아폴로 12호는 달에다 원자력 전지를 가져다 놓았기 때문에 우주 비행사들이 지구로 돌아온 뒤에도 달에서 일어나는 지진 따위의 정보를 지구에 앉아서 얻을 수 있게 되었습니다.

외국에서는 방사성 동위 원소로 만든 아주 작은 원자력 전

■원자력 전지

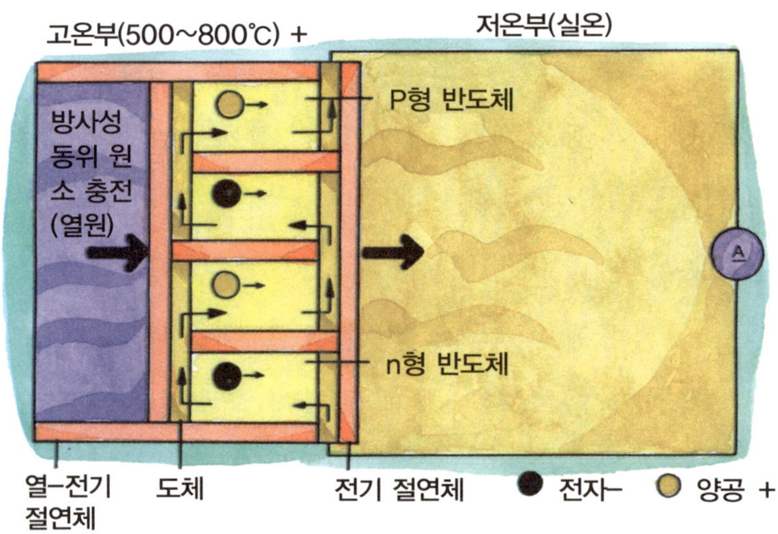

지를 심장 페이스메이커용으로 개발하여 사용하고 있습니다. 페이스메이커라는 것은 심장 운동이 제대로 되지 않는 사람의 심장에 트랜지스터 라디오 정도 크기의 기계를 수술해 넣고, 그 기계에 규칙적으로 전기를 흐르게 하여 심장이 언제나 일정하게 움직이도록 해놓는 것입니다.

전에는 수은 전지를 사용했었는데, 이것은 2년 정도 지나면 다 닳아 버려 2년에 한 번씩 기계째 바꾸어 넣는 수술을 해야만 했습니다. 수술할 때 아픈 것도 괴롭지만, 전지가 언제 다

닳아 버릴까 걱정이 되어 불안 속에서 살아야만 했었습니다. 그러나 방사성 동위 원소를 사용한 전지는 거의 영구적이라고 할 수 있기 때문에 그런 걱정이 없습니다.

우리는 원자력 발전이나 방사성 동위 원소를 이용하는 것을 통틀어 '원자력의 평화적 이용'이라고 일컫습니다.

수소 폭탄을 발전으로 이용한다

석탄이나 석유는 태양 에너지가 화석이 된 것과 같은 것이라고 앞에서 말했었습니다. 태양은 예부터 많은 빛과 열 에너지를 계속 내고 있기 때문에 지구에 큰 나무가 무성하게 자랐었고, 또 그것이 오랜 세월 동안 파묻혀있으면서 석탄이 된 것입니다.

태양은 도대체 얼마만큼의 에너지를 내고 있을까요?

여름에 해수욕을 가면 하루 만에 살갗이 새빨갛게 타서 쓰라리게 됩니다. 태양은 그만큼 강한 에너지를 바다나 산 등 지구 전체에 내리쬐고 있는 것입니다.

이 때문에 물이 증발하여 구름을 이루고 마침내 비를 내리게 됩니다. 농작물은 햇빛이 없으면 광합성이 이루어지지 못하고, 관개용수도 사실은 태양 에너지 덕분에 얻어지는 것입니다.

1년 동안 지구 표면에 내리쬐는 태양 에너지는 무려 122조 톤의 석탄을 태운 것과 같은 양이라고 합니다. 정말로 놀라운 양이지요.

더욱이 태양은 지구 쪽으로만 에너지를 보내는 것이 아닙니다. 사방팔방으로 내고 있지요. 지구로 보내고 있는 태양 에너지는 태양이 내는 전체 에너지의 겨우 20억 분의 1에 지나지 않는다고 합니다. 태양은 그만큼 많은 에너지를 끊임없이 내고 있는 것입니다.

만일 태양이 석탄이나 석유와 같은 것으로 되어 있다고 하고, 그것을 태워 이와 같은 에너지를 내고 있다고 하면 벌써 다 타버리고 지금은 모두 재로 변해 있을 것입니다. 그런데 그러한 일이 일어나지 않는 까닭은 태양이 석탄 등의 연료와는 전혀 다른 방법으로 에너지를 만들고 있기 때문입니다.

다른 항성도 마찬가지이지만 태양은 대부분이 수소가스로 되어 있습니다. 가스인데도 날아가 버리지 않는 까닭은 태양이 워낙 크기 때문에 중력도 매우 커서 오므라들려고 하기 때문입니다.

따라서 태양의 내부에서는 온도와 압력이 매우 높아져 있습니다. 그러한 곳에서는 수소 원자끼리 부딪쳐 헬륨 원자로 변해 버리는 일이 일어나고 있는데, 이 현상을 '열 핵반응'이라든가 '핵 융합반응'이라고 합니다. 이때에도 매우 많은 에너지를 냅니다.

열 핵반응은 수소 폭탄(수폭)의 폭발과 같습니다. 따라서 태양에서는 매일같이 수폭이 폭발하는 일이 계속하여 일어나

■ 태양의 구조

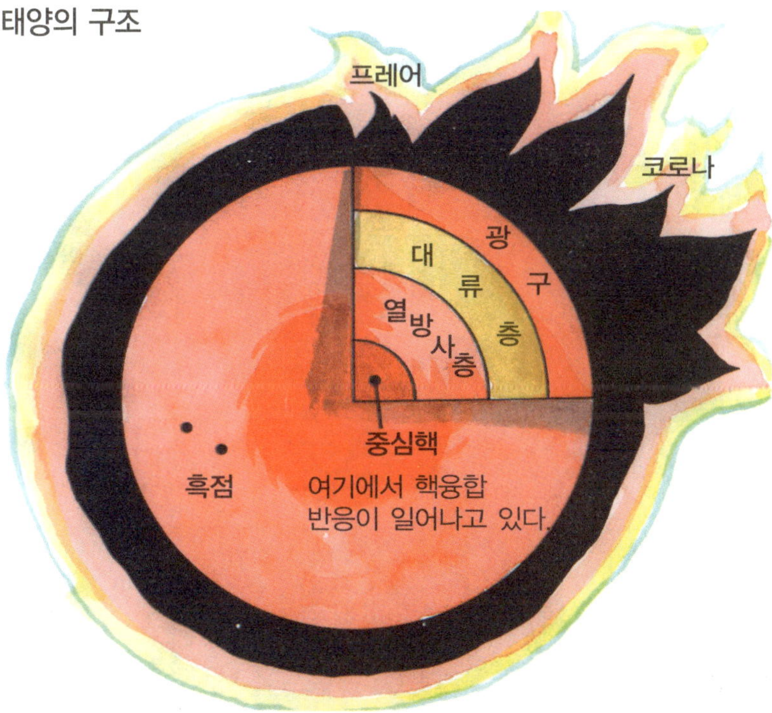

●태양 에너지●

①
휴우,
아직도 더위가
꽤 심하구나.
태양은
어떻게
열을 낼 수
있나요?
②
태양은 수소(H)
와 헬륨(He)으로
이루어진 가스
별이란다.
③
H
He
태양 표면에서만도
6천도나 되는 열을 내고
있고, 태양 안은 굉장히
높은 온도를 갖고 있기
때문에 수소 원자가
격렬하게 움직이면서 부딪칩니다.
이러면서 4개의 수소 원자가 서로
붙어서 하나의 헬륨 원자로 바뀌는
데, 이때 열을 내는
것입니다.
④
He
6억톤
수소 폭탄도
이와 같은
이치로 만들어
졌지요.
태양 안에서는
매초 약 6억
톤의 수소가
헬륨으로 바뀌
고 있습니다.
⑤
이 뜨거운 태양도
그러는 동안에 수소가
없어져서, 마지막에는
작고 어두운 별이
되어 버리지.
태양은 절반 이상이 수소로
서 지금 같은 비율로 헬륨
이 된다고 해도 앞으로
50억년은 열과 빛을
낼 수 있으니
염려할 것 없어.
큰일났다.
난방 기구를 많이
사두어야겠네.

고 있다고 볼 수 있습니다. 이로써 태양은 매우 많은 에너지를 계속 내면서 타고 있는 것입니다.

수폭의 폭발과 같은 일이 일어나고 있는데도 태양이 가루로 부서지지 않는 것은, 부서지려는 힘과 태양이 워낙 무거워서 오므라들려는 힘이 서로 맞서 있기 때문입니다.

이처럼 태양 에너지는 무한하다고 해도 좋을 것입니다. 그러나 밤이 되면 태양이 지평선 저쪽으로 잠겨 버리기 때문에 에너지가 오지 않게 되어 곤란합니다. 또 겨울에는 광선이 약해지며, 흐린 날도 역시 약해집니다.

만일 지구 위에 작은 태양을 여러 개 만든다면 어떨까요? 밤에도 얼마든지 에너지를 사용할 수 있을 것이고, 바다에서도 무진장의 연료를 얻을 수 있을 것입니다. 그렇게 된다면 지구에 석유나 석탄이 없어진대도 그리 걱정할 필요가 없을 것입니다.

지상에 태양을 만드는 것은 불가능할까요? 아닙니다. 절대로 불가능한 일이 아닙니다. 그 하나가 수폭인 것입니다.

그런데 수폭을 폭발시키면 많은 에너지가 나오는 것은 알지만 살아남을 사람이 없을 것이므로 아무 소용이 없지 않을까요? 어떻게 하면 될까요?

그 방법은 수폭을 한꺼번에 폭발시키는 대신 조금씩 태우면 된다는 것을 알아차릴 수 있을 것입니다. 그러나 매우 안타깝게도 아직은 이 일을 해내지 못하고 있습니다.

왜냐하면 수폭은 먼저 원폭을 폭발시켜 매우 높은 온도를 만들어서 그 높은 온도로 단번에 열 핵반응을 일으켜야 하기 때문입니다. 설명은 길게 하였지만 실제로는 이 모든 일이 눈 깜짝할 사이에 모두 일어납니다. 따라서 수폭이 한 번 폭발하면 도중에 이를 멈추게 할 수 없으므로 그 일이 결코 쉽지 않은 것입니다.

또 하나 생각할 수 있는 것은, 원폭을 폭발시키는 대신 다른 방법으로 높은 온도를 만들어 놓고 수폭의 재료를 조금씩 넣어 주면 어떨까 하는 문제입니다.

이 방법은 세계의 모든 학자들이 열심히 연구하고는 있지만, 가솔린을 태우는 정도로는 핵 융합반응을 일으킬만한 높은 온도를 도저히 만들어 내지 못합니다. 그 때문에 '플라즈마' 라는 것을 열심히 연구하고 있습니다. 플라즈마를 사용해서 높은 온도를 만들어 보려는 것입니다.

플라즈마라는 것은 도대체 무엇일까요?

여러분은 원자는 원자핵의 둘레를 전자가 돌고 있는 구조로 되어 있는 것을 알고 있을 것입니다. 마치 태양의 둘레를 지구와 같은 행성이 돌고 있는 것처럼 전자가 원자핵의 둘레

■핵융합 발전소

■핵융합 장치

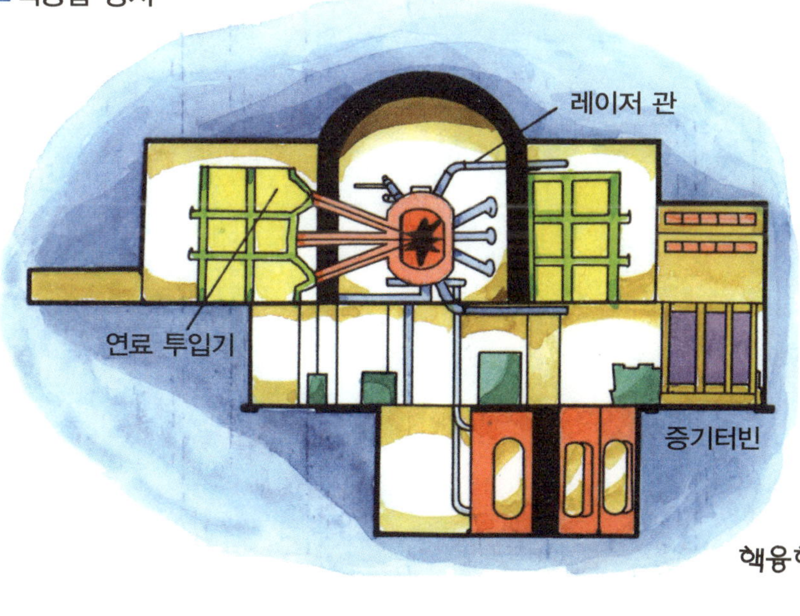

핵융합 장치

를 돌고 있습니다.

그런데 플라즈마는 이 원자의 구조에서 전자를 떼어낸 상태입니다. 가령 원자핵을 사람이라고 하고 전자를 양복이라고 한다면, 많은 벌거숭이와 많은 양복이 서로 뒤섞여서 모두 제멋대로 돌아다니는 것을 플라즈마라고 할 수 있습니다. 이렇게 되면 벌거숭이끼리 충돌하는 일도 많아질 것입니다.

이와 같은 플라즈마는 여러분의 집에도 있습니다. 형광등을 켤 때 형광등 속이 바로 플라즈마 상태가 되는 것입니다.

그러나 핵 융합반응이 일어나게 하려면 온도가 매우 높아지지 않으면 안 됩니다. 높은 온도의 플라즈마를 만두 속을 채우는 것처럼 좁은 곳에 꽉꽉 채워 넣으면 마침내 핵 융합반응이 일어나게 됩니다. 그때의 온도는 섭씨 2억 도라고 하는 상상하기 어려운 온도입니다.

그런데 여기서 다시 어려운 문제가 발생하는데, 다름 아니라 그러한 높은 온도에 견딜 수 있는 그릇이 현재로서는 없다는 것입니다. 열에 강한 티탄도 도저히 견뎌내지 못합니다. 섭씨 2억 도나 되는 것을 넣으면 티탄이 녹아 버리든가 그렇지 않으면 플라즈마 쪽이 식어 버리거나 해서 핵 융합반응이 일어나지 않는 것입니다.

그러나 다행히도 그러한 플라즈마를 강력한 자석을 사용하여 그릇 복판에서 작게 줄어져 있도록 할 수 있다는 사실이 밝혀졌습니다. 그리고 그와 같은 상태를 어떻게 해서 0.1초 동안 계속시키면 핵융합이 일어난다는 사실도 알게 되었습니다.

따라서 과학자들은 모두 다 강력한 전자석을 사용하여 2억 도의 플라즈마를 0.1초 동안 가두어 놓는 일에 대해서 열심히 연구를 계속하고 있습니다.

미국이나 소련에서는 수폭을 만들고 있고, 프랑스 · 중국 · 일본 같은 나라에서는 열심히 이 연구를 계속하고 있습니다.

그러나 수폭이 되었다고 해서 그것을 곧바로 핵융합 발전장치로 사용할 수 있는 것은 아닙니다. 그러므로 핵융합 발전을 시키려면 수폭과는 다른 연구가 필요합니다.

일본에서는 핵융합을 연구하는 데 '토러스 장치' 란 것을 사용하여 온도 700만 도의 플라즈마를 0.02초 동안 가두어 놓는 데 성공했습니다. 소련에서도 T4라고 하는 토러스 장치를 사용해 온도 1000만 도를 0.01초 동안 가두어 놓는 데 성공하고 있습니다. 또 미국에서는 프린스턴 대학의 ST라든가 오크리지 국립 연구소의 ORMAK(오알엠에이케이)라고 하는 장치를 사용하여 연구를 진행하고 있습니다.

일본 원자력 연구소에 있는 장치는 호박 같은 모양을 한 매우 큰 것이라고 합니다. 지름 2.5m, 높이 1m가 되는 이 호박

■토러스(원환체)장치

플라즈마를 밀폐시키는 장치로 쓰인다.

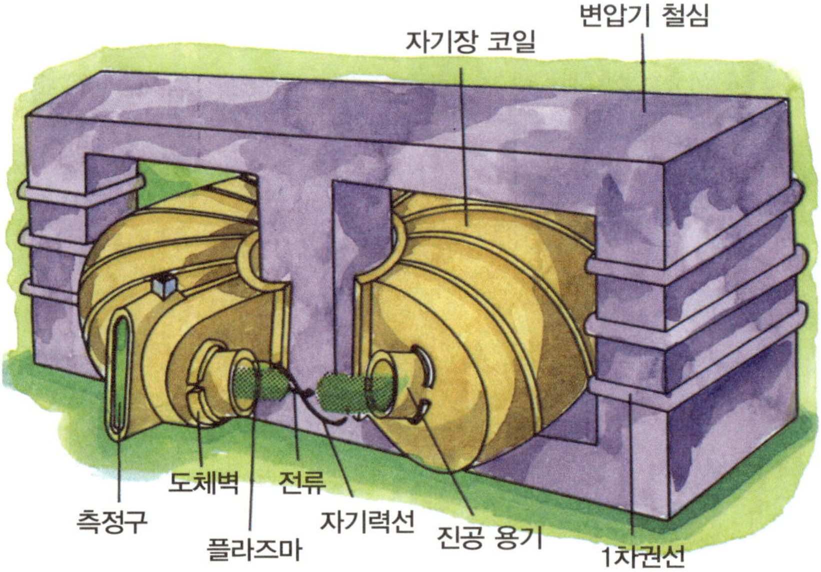

은 실은 매우 강력한 전자석입니다.

그리고 바깥쪽에서는 볼 수 없으나 이 전자석 속에 도넛 비슷한 모양의 스테인리스 관이 있는데, 관의 굵기는 70cm 정도입니다. 이 관 속에 플라즈마가 갇혀지도록 되어 있습니다. 대개는 소련의 것과 같은 방식으로 실시할 수 있게 되어 있습니다.

그런데 여기에 문제가 생겼습니다. 강력한 전자석으로 플라즈마를 가두어 놓아도 플라즈마가 모르는 사이에 새어 나가 버리는 것이었습니다. 때문에 '플라즈마를 가두어 놓는 일은 불가능하다' 하고 단념해 버린 학자들도 있었습니다.

이때 마침 미국의 갈프 제너럴 아토미크 회사에서 연구하고 있던 오오가와 박사가 플라즈마가 새어 나가지 못하는 장치를 만들어 냈습니다. 이 소식을 들은 세계의 여러 학자들은 한 가닥의 희망을 안고서 열심히 핵융합 연구를 하게 되었습니다.

그런데 앞에서 핵융합의 연료는 바닷물에서 무진장으로 얻을 수 있다고 한 바 있습니다. 핵융합은 수소의 원자핵이 꽉 달라붙어 헬륨의 원자핵으로 변할 때 한없이 많은 에너지를 냅니다. 물은 산소 원자 1개와 수소 원자 2개로 되어 있기 때문에 바닷물 속에는 무한이라고 해도 좋을 만큼의 수소가 있는 것입니다.

그러나 핵융합에 사용하는 수소는 보통의 수소와는 약간 다릅니다. '중수소' 라든가 '3중수소' 라는 것을 사용합니다.

중수소라는 것은 성질은 수소와 똑같지만 무게가 수소의 2배가 되는 것입니다. 그리고 3중수소는 무게가 보통 수소의 3배가 됩니다. 이 같은 것을 '동위 원소' 라고 하며, 3중수소는 방사능을 가지고 있습니다.

영국의 하우엘
원자력 실험실의
원자로

핵융합 발전에는 연료로 중수소와 3중수소를 사용합니다. 중수소와 3중수소가 달라붙게 되면 헬륨과 '중성자' 라는 것이 되며, 그때 많은 에너지를 냅니다.

중수소는 보통의 수소 속에 6500분의 1 정도 섞여 있으므로 그것을 특별한 방법으로 끄집어냅니다. 6500분의 1이라고 하면 작은 것이라고 생각되겠으나, 바닷물은 그 양이 한없이 많기 때문에 6500분의 1이라고 해도 헤아릴 수 없을 만큼의 많은 양이 됩니다. 따라서 무한이라고 해도 좋은 것입니다.

3중수소는 천연적으로는 거의 없으나, 이것은 핵융합 발전을 계속하면 동력 실험로 속에서 자연적으로 만들어지므로 이것을 끄집어내어 사용합니다.

앞으로 차츰 기술이 진보되면 3중수소를 사용하지 않고 중수소와 중수소를 부딪치는 것만으로도 해결될 것입니다. 그렇게 되면 바닷물에서 얻을 수 있는 중수소만으로도 발전을 할 수 있을 것입니다. 그러나 중수소를 부딪치는 방법이라면 플라즈마의 온도가 6억 도 정도로 되지 않으면 안 되고, 또 가두어 놓는 시간도 길지 않으면 안 됩니다.

이와 같은 핵융합 발전을 언제나 우리 생활에 직접 활용할 수 있을까요? 현재로서는 앞으로 10년 이내에 실현될 수 있을 것이라고 하니 기대가 자못 크기만 합니다.

현재는 발전이라고 해도 시험 발전일 뿐입니다. 여기에 사용되는 노를 '동력 시험로'라고 일컫는데, 동력 시험로가 성공되면 다음에는 마침내 본격적인 발전용 핵융합로를 만들게 될 것입니다.

어쨌든 원자력을 사람을 죽이거나 재산에 피해를 주는 전쟁에 사용하지 않고 평화적으로 사용하려는 양심적인 학자들에 의해서 이 핵융합 발전은 가까운 시일 내에 완성될 것입니다.

미래에는 공해가 더욱 심해질 것이고, 인구도 많이 늘어나는 한편 석유 등의 에너지도 바닥날 것이 분명합니다. 우리 인류의 운명이 지난날의 공룡처럼 멸종될 것인가, 아니면 앞날에 멋진 세계가 펼쳐질 것인가는 우리 모두의 슬기에 달려 있습니다. 아무쪼록 지혜를 모아야 하겠습니다.

녹색에너지의 세계

2013. 12. 5 인쇄
2013. 12. 10 발행

엮은이 대한과학진흥회
펴낸이 신 주 황
펴낸곳 스완미디어
등록 제2-4534호
주소 서울 · 중구 만리동1가 12-33 태영빌딩
대표전화 02) 393-0026
팩스 02) 312-8349

ISBN 978 89-92565-41-7

값 8,500원
※ 잘못된 책은 구입하신 곳에서 바꾸어 드립니다